Kultbuch

SCHWEIZ

Anna-Katharina Rickert
Ralf Schlatter

Kultbuch SCHWEIZ

Alles was wir lieben: vom Alphorn bis zum Rütlischwur

KOMET

www.komet-verlag.de
Text: Anna-Katharina Rickert, Ralf Schlatter
Gesamtproducing und Bildredaktion: Hans-Joachim Schneider, Köln
Covermotiv: bigstockphoto.com
Gesamtherstellung: KOMET Verlag GmbH, Köln
ISBN 978-3-89836-838-4

Inhalt

Vorwort

Grüezi mitenand! Willkommen im Kultbuch Schweiz! In rund 70 Stichworten bilden wir darin die Schweiz ab, von Alphorn bis Zwingli. Letzterer hielt jegliche Kultbilder übrigens für »nüt dann ein Bschiss«. Das haben wir uns zu Herzen genommen und versucht, Ihnen nicht einfach die Klischeebilder der Schweiz zu zeigen, sondern auch deren Rückseiten. Als würde man ein kleines Loch in die Ansichtskarten machen und hindurchblinzeln. Und da sieht man dann zum Beispiel ein Chalet, das gar kein Chalet ist, sondern ein als Chalet getarnter Militärbunker.

So oder so sind einige Schweizer Mythen gehörig am Bröckeln, allen voran die Schweizer Banken und ihr so heiß geliebtes Geheimnis. (Auch die Eigernordwand bröckelt, weil der Permafrost schmilzt.) Die Schweiz verändert sich: Die Neutralität wird neu definiert, mit Alphörnern wird neuerdings Jazz gespielt, und zum ersten Mal sitzen 2008 drei Frauen in der siebenköpfigen Landesregierung.

Rund 7 Millionen Menschen leben in der Schweiz. Wir sind nur zwei davon. Wir haben zwar, wie es sich in einer direkten Demokratie gehört, über jeden Text diskutiert, trotzdem ist unsere Sicht der Dinge nur eine von vielen möglichen. Jede Leserin und jeder Leser sei deshalb eingeladen, sich ein eigenes Bild zu machen von der Schweiz und ihren Eigenarten. Kult übrigens bedeutet übertriebene Verehrung. Das liegt uns fern. Wir sind lieber kritisch, immer genau und respektvoll und beschreiben unser Land mit einem satirischen Augenzwinkern. In diesem Sinn wünschen wir Ihnen viel Vergnügen auf der kleinen Schweizer Reise von Alphorn bis Zwingli.

Alphorn

Zugegeben, lange Holztrompeten gibt es in vielen Ländern und Landschaften, aber in der Schweiz gilt nur das Alphorn. Schon im Jahre 1527 wurde es zum ersten Mal erwähnt, im Rechnungsbuch eines Klosters: »Zwei Batzen an einen Walliser mit Alphorn« heißt es dort über ein Geschäft mit einem mittelalterlichen Straßenmusikanten. Die Form hat das Alphorn von den Föhren, aus denen es gemacht wird. Sie sind am Strunk gewölbt und werden in rund 70 Stunden Handarbeit geschält und ausgehöhlt bis zu einer Wanddicke von einem halben Zentimeter.

Um mit dem Alphorn Jazz zu spielen, braucht es in der Schweiz einen ziemlich langen Atem.

Eingefasst wurde es früher mit Rindenblättern oder Holzstreifen, heute nimmt man Peddigrohr. Ein Alphorn hat keine Klappen oder Ventile und beruht deshalb auf der Naturtonreihe. Die Länge des Horns bestimmt dessen Tonart. Das in der Schweiz verbreitete Fis/Ges-Horn ist 3,26 Meter lang. Je nach Landschaft kann man ein Alphorn fünf bis zehn Kilometer weit hören. Um sich über die Alpen hinaus Gehör zu verschaffen, reicht es also nicht, dafür sind andere zuständig, mit mehr oder weniger großem Echo (→Bundesrat, DJ Bobo). Wegen des Echos ist es auch schwierig, innerhalb der widerhallenden Bergwände ein Alphorn zu orten. Die Annahme, die Hirten benützten es als Signalhorn, ist falsch. Das Alphorn war im 18. Jahrhundert schon beinahe in Vergessenheit geraten, da es durch verarmte, musizierende Hirten in den Städten in Verruf geraten war und es als Bettelhorn verspottet wurde.

Die ersten Touristen und Romantiker in den Alpen entdeckten es dann wieder als Schweizer Folklore und verhalfen ihm zu neuem Ansehen. Heute zieren Alphornbläser alle traditionellen Volksfeste wie Schwingwettkämpfe, Jodlertreffen und Parteiversammlungen der konservativen Populisten. Musikerinnen und Musiker wie Eliana Burki, Hans Kennel oder Balthasar Streiff (vom Duo »Stimmhorn«) versuchen mit Erfolg, das Alphorn aus dieser traditionalistischen Klammer zu lösen und seine musikalischen Facetten um Experimentelles und Jazziges zu erweitern. Dazu braucht es in der

Das Alphorn: Eine Holztrompete, liebevoll von Hand hergestellt

Schweiz allerdings einen ziemlich langen Atem. Übrigens: Das bisher längste Alphorn baute ein Alphornbauer aus der Innerschweiz im Jahr 1994. Es war 46 Meter lang.

Bankgeheimnis

»Wer ein Geheimnis offenbart, das ihm in seiner Eigenschaft als Organ, Angestellter, Beauftragter oder Liquidator einer Bank, als Untersuchungs- oder Sanierungsbeauftragter der Bankenkommission, als Organ oder Angestellter einer anerkannten Revisionsstelle anvertraut worden ist oder das er in dieser Eigenschaft wahrgenommen hat, wer zu einer solchen Verletzung des Berufsgeheimnisses zu verleiten sucht, wird mit Gefängnis bis zu sechs Monaten oder mit Busse bis zu 50 000 Franken bestraft.«

Der Paradeplatz in Zürich, Herz der Schweizer Finanzwelt, anno dazumal, als das Bankgeheimnis noch geheim war

So steht es im Bundesgesetz über die Banken und Sparkassen. Und nicht zuletzt auf der Bewahrung dieser Geheimnisse beruht der Wohlstand der Schweiz. Die Schweizer Wirtschaft besteht vorwiegend aus Banken. Sie machen zusammen mit den Versicherungen rund 15 % der Wirtschaftsleistung aus. Groß wurde der hiesige Bankenplatz rund um den Zweiten Weltkrieg. Während der faschistischen Zeit in Europa brachten viele Leute, die in ihren Heimatländern verfolgt wurden, ihr Geld in der Schweiz in Sicherheit. Schweizer Bankangestellten wurde unter Androhung von Gefängnisstrafe verboten, die Identität des Bankkunden preiszugeben. Das Bankgeheimnis, oder wie es die Finanzindustrie lieber nennt, das Bankkundengeheimnis, hat sich dann nach dem Krieg als willkommener Schutz vor dem Zugriff des Fiskus entpuppt. Weil Steuerhinterziehung in der Schweiz lediglich ein Vergehen und kein Verbrechen ist und der Akt demnach nur mit Buße und nicht mit Gefängnis geahndet wird, muss die Schweiz ausländischen Behörden gegenüber keine Rechtshilfe leisten. Erst wenn jemand Geld aus kriminellen Quellen wäscht oder Steuerunterlagen fälscht, fällt der Schutz dahin und die Schweizer Banken müssen die Identität eines Kunden offenlegen. Das Bankgeheimnis ist in den Augen der Politik und des

Die Börse in Zürich

Finanzplatzes unverhandelbar. Damit versuchen die Schweizer Behörden, Druckversuchen von EU-Staaten, insbesondere seitens Deutschlands, zu widerstehen, die auf einen vollen Informationsaustausch drängen, so wie es unter den meisten EU-Staaten üblich ist.

In der Nacht vom 8. auf den 9. Januar 1997 beobachtete Christoph Meili, ein Nachtwächter der damaligen SBG, heute UBS, wie zahlreiche

Belege über Bankbeziehungen mit jüdischen Holocaust-Opfern für den Schredder bereitgestellt wurden. Im Jahr zuvor hatte die Schweiz verboten, Akten über die so genannten nachrichtenlosen Vermögen zu vernichten. Meili übergab die brisanten Unterlagen der Israelitischen Cultusgemeinde Zürich, die ihrerseits die Strafverfolgungsbehörden einschaltete. Das Strafverfahren, das die Staatsanwaltschaft des Kantons Zürich daraufhin eröffnete, richtete sich aber nicht etwa gegen die Bank, sondern gegen Meili: Er soll mit seiner Tat das Bankgeheimnis verletzt haben. In der Schweiz zur »Persona non grata« erklärt, emigrierte Meili mit Hilfe des amerikanischen Anwalts Ed Fagan in die USA und erhielt dort mit seiner Familie politisches Asyl. Fagan klagte 1998 gegen die betroffenen Schweizer Banken und forderte 2,56 Milliarden Dollar für die Hinterbliebenen der im Zweiten Weltkrieg umgekommenen Kontoinhaber. Die Kontrahenten einigten sich in einem Vergleich, die Banken mussten eine Entschädigung von 1,25 Milliarden Dollar zahlen. Im Jahr 2008 geriet das Bankgeheimnis einmal mehr unter Druck: Bradley Birkenfeld, ein früherer Kundenberater der UBS in Amerika, plauderte aus, was er für seinen Großkunden, den Immobilienhändler Igor Olenicoff, so alles getan hatte. Der Banker agierte als persönlicher Kurier für den wegen Urkundenfälschung verurteilten Milliardär. Er schmuggelte Schecks und Bargeld an den Zollbehörden vorbei, versteckte in einem Fall gar Diamanten in einer Zahnpastatube und fälschte Steuererklärungen. Die US-Justiz drängte auf die Herausgabe der Kundendaten. Für die USA ein willkommener Fall, denn nicht nur aus amerikanischer Sicht ist das Bankgeheimnis nichts anderes als ein unfairer Konkurrenzvorteil. Mögliche Nachfolger stehen derweil schon bereit: Bankenplätze wie Singapur, Dubai oder Shanghai könnten der Schweiz den Wettbewerbsvorteil streitig machen. »Wir wollen die Schweiz Asiens werden«, so ein Bankier der deutschen Commerzbank in Singapur in einem Bericht des Zürcher Tagesanzeigers. Deutsche Banken bieten also in Singapur an, was die deutschen Behörden den Schweizer Banken verbieten wollen. Schon heute ist die Schweiz mit ihrem Bankgeheimnis nur noch eines von Dutzenden von »Sonderangeboten« für Superreiche.

Das Bankgeheimnis, ..., hat sich nach dem Krieg als willkommener Schutz vor dem Zugriff des Fiskus entpuppt.

Teures Interieur und jede Menge Diskretion: eine Schweizer Bank von innen

Bitte warten
Sie in Einer-
Kolonne in der
Hallenmitte,
bis links oder
rechts ein
Schalter frei
wird.

Bernhardiner

Auf der Passhöhe des großen St. Bernhard (2469 Metern ü. M.), einem der wichtigsten Alpenpässe der Schweiz, der das Wallis mit Italien verbindet, ließ der Heilige Bernhard von Menton, Erzdiakon von Aosta, um die Mitte des 11. Jahrhunderts ein Hospiz bauen. Pilger erhielten dort von Augustinermönchen Nahrung und Unterkunft. Das Hospiz war allerdings durch Wettersturz und Lawinen schwer gefährdet und auch sonst war es dort bei harten äußerlichen Bedingungen wohl eher ein Hundeleben. Mit den Jahren kamen die einsamen Mönche dann auch tatsächlich auf den Hund und fingen Mitte des 17. Jahrhunderts an, welche zu halten. Die Hunde mussten groß und kräftig sein und den Wettereinflüssen standhalten. Und so legten sie sich ein paar Hirten- und Bauernhunde zu, die den Bewohnern der umliegenden Täler bereits gute Dienste erwiesen hatten: Sie beschützten Haus und Hof, wachten über die Herden und wurden vor den Karren gespannt.

Ob der Hundeblick wohl sagen will: Gebt mir auch einen Schluck Schnaps?

1800 kam auf dem Hospiz der berühmte Barry zur Welt. Bald wurde er als Rettungshund für die in Schnee und Nebel verirrten Reisenden eingesetzt. Stets trug er ein mit Schnaps gefülltes Holzfässchen um den Hals, um den Geretteten mit Hochprozentigem wieder Leben einzuhauchen. Mehr als 40 Menschen soll Barry so das Leben gerettet haben. Die Anzahl derer, die sich in Aussicht auf ein Schnäpschen ein wenig in den Schnee legten, ist nicht überliefert. Doch es ranken sich zahlreiche andere Mythen um Barrys zwölfjähriges Hundeleben. In vielen Sprachen publizierte Chroniken und die mündlichen Berichte der Soldaten, die mit Napoleon Bonaparte den Pass überquerten, trugen den Ruf des Bernhardiners durch ganz Europa. Der »Barry-Hund« wurde zum Urbild des heiligen Rettungshundes, in Amerika werden die Hunde heute noch werden sie bis zu 90 Zentimeter hoch und ebenso viele Kilogramm schwer. Kein Wunder, dass die Rasse stark von Hüftgelenksdysplasie

»Saints« genannt. Seit der Anerkennung als offizielle Rasse 1887 gilt der Bernhardiner als Schweizer Nationalhund.

Obwohl die Lawinensuchgeräte heute »Barry-Vox« heißen, taugen Barry und Co. nicht mehr als Rettungshunde. Als Folge der Überzüchtung betroffen ist und verstärkt an Magendrehung leidet. Von wegen Magendrehung: In ostasiatischen Ländern ist der Bernhardiner auch auf dem Teller beliebt. Vor allem in China gilt das Fleisch des Hundes als Delikatesse. Da hilft dann wohl nur noch ein kräftiger Schnaps hintendrein.

Ganz schön auf den Hund gekommen. Für heute hat dieser Barry wohl genug Touristen gerettet.

Bill, Max (1908–1994)

»das ziel der konkreten kunst ist es, gegenstände für den geistigen gebrauch zu entwickeln, ähnlich wie der mensch sich gegenstände schafft für den materiellen gebrauch. [...] konkrete kunst ist in ihrer letzten konsequenz der reine ausdruck von harmonischem mass und gesetz. Sie ordnet systeme und gibt mit künstlerischen mitteln diesen ordnungen das leben.« So formulierte Max Bill 1947 in der Einleitung der Ausstellung »Zürcher konkrete Kunst« in seiner typischen Kleinschreibung sein Credo. Max Bill gilt als einer der bedeutendsten Vertreter der so genannten konkreten Kunst. Er arbeitete als Architekt, Bildhauer, Maler, Grafiker, Designer und vermittelte sein Wissen als Professor an verschiedenen Kunsthochschulen. Begonnen hatte er 1924 mit einer Lehre als Silberschmied an der Kunstgewerbeschule Zürich und später mit dem Studium am Bauhaus in Dessau. Er war Mitbegründer der Hochschule für Gestaltung in Ulm und entwarf auch gleich das Schulgebäude. Zwischen 1955 und 1964 nahm er an den ersten drei »documenta«-Ausstellungen in Kassel teil. Von 1967 bis 1971 war er Mitglied des Schweizer Parlaments, für die Partei »Landesring der Unabhängigen« des →Migros-Gründers Gottlieb Duttweiler. Nicht in der Migros kaufen kann man eines von Max Bills berühmtesten Werken, den Ulmer Hocker. Er kann als Tablett, als Teil eines Regals oder eben als Hocker verwendet werden und wird heute noch nach den Originalplänen hergestellt.

Nicht in der Migros kaufen kann man eines von Max Bills berühmtesten Werken, den Ulmer Hocker.

An der →Zürcher Bahnhofstraße, vor dem Hauptsitz der UBS, steht Bills »Pavillon-Skulptur« aus Granit. Teile davon werden von zahlreichen Bankern in der Mittagspause als Bank benutzt. Ob sie dort Geheimnisse austauschen, ist nicht bekannt (→Bankgeheimnis). Max Bill hat sich in Zumikon am Zürchersee ein Wohn- und Atelierhaus gebaut, wo heute die Kunsthistorikerin Angela Thomas wohnt, während langer Jahre die engste Vertraute Max Bills. Aus Zumikon stammt übrigens auch die erste Schweizer → Bundesrätin Elisabeth Kopp, die 1989 sehr konkret und ganz ohne Kunst aus der Regierung zurücktreten musste. Im selben Jahr erhielt Max Bill den Piepenbrock-Preis für Plastik in Osnabrück, eine der zahlreichen Auszeichnungen für sein wegweisendes Lebenswerk. Dieses wird in Zürich unter anderem im Museum »Haus Konstruktiv« gepflegt und verwaltet. Im November 2006 wurde im Zürcher Stadtteil Oerlikon der 3000 Quadratmeter große Max-Bill-Platz eingeweiht, ein Platz mit einem markanten, geometrischen Plattenmuster. Grundeigentümer sind die beiden Schweizer Großbanken UBS und Credit Suisse. Und so bleibt alles in der »unendlichen Schleife«.

Max Bill: Architekt, Bildhauer, Maler, Grafiker, Designer

Birchermüsli

Er gab dem berühmtesten Müsli der Schweiz den Namen: Oskar Bircher-Benner.

Zutaten

4 Löffel Haferflocken
8 Löffel Wasser
4 Löffel gezuckerte Kondensmilch oder Rahm
Saft von 2 Zitronen
8 Äpfel
Honig oder Zucker

Zubereitung

Kurz vor dem Essen die Haferflocken mit dem Wasser, der Kondensmilch und dem Zitronensaft vermischen. Die von Stielen und Fliege befreiten, gewaschenen, ungeschälten Äpfel hineinreiben und alles sofort miteinander vermischen und servieren.
Verwendet man Rahm, so gibt man noch 2–3 Löffel Zucker oder Honig bei.
Nach Belieben 2–3 Löffel geriebene Haselnüsse oder Mandeln darüberstreuen.
So lautet das Originalrezept für das inzwischen weltberühmte »Birchermüsli«, benannt nach Maximilian Oskar Bircher-Benner (1867–1939). Er gilt als Wegbereiter der Vollwertkost und Pionier der biologischen Gesundheitsmedizin.

Als er 1900 vor der Zürcher Ärztegesellschaft zum ersten Mal erklärte, der Mensch müsse anstatt Fleisch Getreide, Früchte und Gemüse essen, erntete er Spott und Tadel. Denn Fleisch war das Nahrungsmittel des gehobenen Bürgertums, eine Männerspeise, alles andere war minderwertig. Bircher-Benner aber proklamierte die so genannte Sonnenlichtnahrung, in möglichst naturbelassenem Zustand. Er revolutionierte aber nicht nur die Essgewohnheiten.
Es war ihm ein Anliegen, seine Klienten zu einem harmonischen und gesunden Leben zu bewegen, im Einklang mit der Natur. »Leben-

dige Kraft« hieß das Sanatorium am Zürichberg, das er 1904 gründete. Zu den ganzheitlichen Heilmethoden gehörten Spaziergänge, Sonnenkuren, Bäder und natürlich jede Menge Birchermüsli. »D Spys« (die Speise) – wie Bircher-Benner sein Müsli schlicht nannte – die einfachen, naturnahen Ernährungsgewohnheiten der Schweizer Alphirten und der Tradition der Getreidemus-Speisen (→Heidi). Ob der Apfel als zusätzliches Element im Birchermüsli eine Hommage an →Wilhelm Tell war, ist umstritten, obwohl Tell mit seinem gezielten

Die Mischung machts: Nicht überall, wo Birchermüsli draufsteht, ist auch Bichermüsli drin.

sollte als Frühstück, Abendbrot oder als erster Gang beim Mittagsmahl genossen werden, nicht aber als Nachtisch oder als ganze Mahlzeit. Die Hauptsache dabei war der Apfel, nicht das Getreide, deshalb die bewusst kleine Menge von Haferflocken. Das Birchermüsli war für seinen Erfinder auch eine Art Hommage an Schuss den Apfel ja, wie man in → Schwyzerdütsch sagt, erfolgreich »vermüeslet«, also zu Brei gemacht hat. Und wenn sie sähen, was heute in aller Welt so alles unter dem Titel »Birchermüsli« daherkommt, würde es Tell und Bircher-Benner wohl gemeinsam im Grab den Magen umdrehen.

Bundesrat

»Es war einmal mitten im Winter, und die Schneeflocken fielen wie Federn vom Himmel herab. Da saß eine Königin an einem Fenster, das einen Rahmen von schwarzem Ebenholz hatte, und nähte. Und wie sie so nähte und nach dem Schnee aufblickte, stach sie sich mit der Nadel in den Finger, und es fielen drei Tropfen Blut in den Schnee. Und weil das Rote im weißen Schnee so schön aussah, dachte sie bei sich: Hätt' ich ein Kind, so weiß wie Schnee, so rot wie Blut und so schwarz wie Ebenholz!«

Das Bundeshaus in Bern, Sitz der Schweizer Regierung

Schneewittchen wurde geboren und die Geschichte nahm ihren Lauf, worin Erstere irgendwann auf die sieben Zwerge stieß und alsbald auf den Königssohn.

Von diesem Märchen blieben hinter den sieben Bergen, also in der Schweiz, die sieben Zwerge übrig, auch Bundesräte genannt. Die böse Stiefmutter in Gestalt von Europa wird tunlichst ignoriert. Die sieben Bundesräte bilden zusammen die Regierung der Schweiz (Exekutive) und ein jeder von ihnen leitet als Vorsteher eines der sieben Departemente der Bundesverwaltung. Die Bundesräte werden von der Vereinigten Bundesversammlung für eine vierjährige Amtsdauer gewählt. Einer von ihnen wird für ein Jahr als Bundespräsident gewählt und gilt in dieser Zeit als »Primus inter pares«, das heißt Erster unter Gleichgestellten. Er leitet die Bundesratssitzungen und übernimmt besondere Repräsentationspflichten. Zum Beispiel Reisen ins Schloss der bösen Stiefmutter, wo reihenweise saure Äpfel zum Reinbeißen bereitliegen.

Das Schneewittchen ist die Bundeskanzlerin. Sie ist nicht etwa Regierungschefin, sondern Stabschefin, das heißt Chefin der administrativen Verwaltung des Bundesrates. Sie nimmt auch an den wöchentlichen Sitzungen des Bundesrates teil und sorgt dort für den Überblick. Ganz wie im Märchen: Schneewittchen schmeißt den Haushalt, während die Zwerge im Erzabbau tätig sind. Frauen, die in den Bundesratsstollen einsteigen wollen, haben es nicht leicht. Zwar dürfen sie seit 1971 abstimmen (→Frauenstimmrecht), doch erst 1982 wurde die erste Frau Bundesrätin, die Zürcherin Elisabeth Kopp. Im Januar 1989 allerdings stolpert sie über ein Telefongespräch mit ihrem Mann. Sie warnt ihn vor Geldwäschereigerüchten in einem Verwaltungsrat, in dem er sitzt. Der vergiftete Apfel bleibt ihr im Hals stecken. Seither ist es fünf weiteren Frauen gelungen, Einzug ins Zwergenhaus zu halten, und das ganz ohne Märchenprinz. Drei sind zurzeit (2008) im Amt. Und wenn sie nicht abgewählt werden, so regieren sie noch heute.

Können aus diesem alten Zimmer neue Ideen kommen? Der Bundesrat bei der Arbeit

Cervelat

Die Schweiz kann aufatmen: Die Zukunft des Cervelat ist gerettet.

Dass der Cervelat die Schweizer Nationalwurst schlechthin ist, darüber sind sich alle helvetischen Grillmeister einig. Wo der Name herkommt, das möchten Sie, liebe Leserinnen und Leser, aber wahrscheinlich lieber nicht wissen. Er kommt vom italienischen »cervellato«, das wiederum kommt vom lateinischen Wort »cerebrum« und das heißt »Hirn«. Hirn ist allerdings im Cervelat von heute keins mehr drin. Vielleicht schneiden die Schweizer Schüler ja deshalb bei der PISA-Studie regelmäßig so schlecht ab (→Qualität). Immerhin isst jeder Schweizer und jede Schweizerin im Durchschnitt 21 Cervelats pro Jahr, was einer Gesamtmenge von 160 Millionen entspricht.

Der Cervelat, am ehesten mit der deutschen Bockwurst zu vergleichen, enthält Rind- und Schweinefleisch, Rückenspeck, gemahlene Schwarte, Gewürze und Pökelsalz und wird in Häute aus Rinderdarm gefüllt, die bis vor kurzem aus Brasilien importiert wurden.

Doch oh Graus: Seit dem 1. April 2006 gilt ein EU-Importverbot für brasilianische Därme. Das musste die Schweiz aufgrund der bilateralen Verträge übernehmen. Ein Aufschrei ging durch das Land: Der Cervelat ist in Gefahr! Denn nur die zarten brasilianischen Häute lassen sich gut von der Wurst abziehen oder geben dem Cervelat in gegrillter Form das typische Aussehen. Und das war den Schweizern alles andere als Wurst. Zwei Jahre später, im April 2008, nahte dann die Rettung: Rinderdärme aus Paraguay, so vermeldete die mittlerweile gegründete »Taskforce Cervelat«, könnten die Lösung sein, sofern Paraguay als Land mit geringem BSE-Risiko eingestuft wird. Denn wenn schon kein Hirn drin, dann bitte auch kein

Rinderwahn drum herum. Und so können die Schweizer auch weiterhin ihre Wurst genießen. Zum Beispiel als »Cervelat Fuuscht«, also in der Faust gehalten, sprich: roh und mit Senf, oder als Wurstsalat, ebenfalls roh, in Scheibchen geschnitten und mit Käsestücken gemischt, oder als so genannte Arbeiter-Forelle, längs geschnitten und in der Bratpfanne gebraten, oder auf eine Haselrute gespießt und über dem Feuer gegart. Bei letzterer Variante wird die Wurst an beiden Enden mit einem →Schweizer Offiziersmesser kreuzförmig eingeschnitten. Über dem Feuer zieht sich dann die Haut zusammen und biegt die Enden nach außen. Am besten schmeckt der Cervelat am Nationalfeiertag, dem 1. August, mit möglichst viel Cervelat-Prominenz drum herum. Das ist der Ausdruck für Schweizer Zweitklassepromis (→DJ Bobo). Ob das mit fehlendem Hirn zu tun hat, sei dahingestellt.

Der Cervelat in Reih und Glied, ein Muss an jedem Schweizer Volksfest

Chalet

Das Wort Chalet ist nicht →schwyzerdütsch oder arabisch, sondern stammt aus dem Französischen beziehungsweise aus dem Lateinischen (cala = geschützter Ort) und bezeichnet ein Schweizer Landhaus, ein Schweizerhaus, eine Sennhütte, die in mittleren und hohen Lagen auf urbar gemachtem Land oder auf Weiden steht. Allerdings wird in den unzähligen Chalets in der Schweiz heute nicht mehr Käse und Butter hergestellt, sondern vor allem Ferien gemacht. Eher selten von Schweizerinnen und Schweizern. Diese wollen offenbar nicht ans Handwerk ihrer Vorfahren erinnert werden und verbringen ihre Ferien lieber in einem Bungalow am Meer. Nichtsdestotrotz ist Chalet für viele gleichbedeutend mit Ferienhaus.

... im Sommer werden dadurch weder die Wohnräume noch die Feriengäste überhitzt.

Chalets werden traditionell aus Holz gefertigt oder haben zumindest eine Holzverschalung. Die Holzbalken, aus denen das Gebäude erstellt wird, sind oft mit reichlich Schnitzereien verziert und tragen aufgemalte Inschriften, welche die Bewohnerinnen und Bewohner vor Ungemach schützen sollen. Das typische flache Satteldach wiederum schützt mit seinem großzügigen Überstand die Außenwand vor Regen- und Schneefall. Und im Sommer werden dadurch weder die Wohnräume noch die Feriengäste überhitzt. Im 19. Jahrhundert wurden das Landleben und die Bergwelt von Bürgertum und Adel romantisch verklärt. Das Chalet begann, die aristokratischen Gärten zu erobern, man baute Villen im Chaletstil, in den Vorstädten ganze Siedlungen damit. Ob die Reichen dann darin Ferien oder Käse machten, ist uns nicht bekannt. Allerdings war für sie das Chalet ein Symbol für eine Gesellschaft, die auf den Werten Einfachheit, Naturverbundenheit, Freiheit und Demokratie beruhte. Mit den Touristen, die damals begannen, die Natur zu entdecken, kam auch das Ferienhaus-Chalet in der Welt herum, innerhalb der Schweiz sogar per Eisenbahn: Chalets eigneten sich aufgrund ihrer baulichen Eigenschaften ideal für die halbindustrielle Vorfertigung und den Versand in

Was ist es wohl? Ein Ferienhaus? Ein getarnter Bunker? Eine Käserei?

Einzelteilen. Das Chalet quasi als Bastelsatz. Nun gab es auch in den flacheren Regionen der Schweiz Chalets und sogar im Tessin, wo die Häuser ursprünglich aus Stein sind. Zum Teil werden fixfertige Holzbauten auf die Alpen geflogen und dienen den Hirten und Sennen als Unterkunft. Da dürfen Sie dann aber nicht anklopfen und Ferien machen wollen, denn da wird gekäst, was die Milch hergibt. Falls Sie trotzdem anklopfen und niemand öffnet, könnte es sein, dass der Senn Angst hat, Sie wollen ihm das Geheimnis der Löcher im Käse abluchsen (→Emmentaler)

Und wenn Sie klopfen und Ihre Fingerknöchel auf Beton stoßen, dann haben Sie dummerweise an ein »falsches Chalet« geklopft. Sprich an einen als Chalet getarnten, ausgedienten Militärbunker. Gebaut wurden diese Bunker während des Zweiten Weltkriegs, sie gehörten zum Verteidigungskonzept des »Réduits«, des Rückzugs der Schweizer Armee in die Alpen, um von dort in einem möglichen Partisanenkrieg das Land zu verteidigen. Die Bunker wurden mit normaler Tarnfarbe bemalt. Nach dem Krieg kamen die Deutschen, Franzosen, Engländer, Amerikaner, Japaner doch noch – jetzt aber als

Um den Nachbarn zum Raclette einzuladen, braucht es hier ein Alphorn.

Touristen. Und nun störten die Bunker enorm, sie standen mitten in den schönsten Ecken des Landes. Abreißen wollte und konnte man sie nicht, während des Kalten Kriegs unterlagen sie der strengsten Geheimhaltung. Deshalb begann man in den 50er- und 60er-Jahren, die Militärbauten neu zu tarnen, dieses Mal im Heimatstil. Talentierte Truppenangehörige wurden damit beauftragt, die Bunker so zu verkleiden, dass sie im Landschaftsbild nicht auffallen. Man schaute sich um, was denn sonst an Gebäuden so rumstand, und kopierte den Stil, alte Sprengrohre dienten für die Eisengerüste der Dachkonstruktionen, Geflechtbahnen aus Draht oder eine Holzverschalung als neue Haut und am Schluss kamen die Tarnmaler und dekorierten mit Dispersionsfarbe. Der Schweizer Fotograf Christian Schwager hat die Bunker trotz Tarnung entdeckt, abgelichtet und die Bilder unter dem Titel »Falsche Chalets« 2004 publiziert. Und wer weiß, vielleicht bietet ja »Schweiz Tourismus« demnächst Erlebnisferien im Chaletbunker an, garantiert bergsturzsicher.

Chuchichäschtli

['χʊχ:iχæʃtli]: So spanisch, wie Ihnen diese Zeichen vorkommen, so spanisch kommt vielen des →Schwyzerdütsch nicht mächtigen Personen das Wort vor, das sich dahinter verbirgt. Dabei handelt es sich doch nur um ein ganz normales Küchenkästchen, oder eben: Chuchichäschtli, in phonetischer Lautsprache: ['χʊχ:iχæʃtli]. Das Besondere daran ist der »ch«-Laut, der im Chuchichäschtli gleich dreimal drin ist. Entgegen dem Hochdeutschen unterscheidet man im Schweizedeutschen nicht zwischen dem feinen und leisen Ich-Laut und dem rauen, kratzigen Ach-Laut. Und so wurde das Chuchichäschtli zur ultimativen Nagelprobe der Mundartkenntnisse ausländischer Gäste. Übrigens auch für inländische, denn die Landsleute aus dem Tessin und der französischen Schweiz beißen sich am Küchenkästchen gleichermaßen die Zähne aus. Mit französischem Akzent wird daraus ein »Schüschischäschtli«, mit italienischer Zunge ein »Guggigaschtli«. Besser haben es in dieser Beziehung einzig Menschen aus Holland und dem arabischen Raum, denn auch sie sind den rauen Umgang mit dem »ch« gewohnt. Ob es in den zahlreichen holländischen Wohnwagen in den Schweizer Alpen deswegen mehr Küchenkästchen als in deutschen Wohnwagen gibt, ist statistisch noch nicht nachgewiesen. Ebenso fehlt eine schlüssige Untersuchung darüber, ob die Erfindung von →Ricola Kräuterbonbons mit dem im Rachen kratzenden Chuchichäschtli verbunden ist.

In der Schweiz ist auch das »Ich« rau und kratzig, auch bei äußerlich ganz feinen und leisen Menschen.

Erwiesenermaßen falsch hingegen ist die Annahme, beim Schweizer Landeskennzeichen »CH« handle es sich um die Abkürzung von Chuchichäschtli. »CH« steht vielmehr für »Confoederatio Helvetica« (→Helvetia). Das ist lateinisch und im Lateinischen kommen keine rauen Ach-Laute vor. Obwohl Helvetia, als Urmutter der Schweizerinnen, allen Grund für Ach-Laute hätte: Sie erhielt erst 1971 das →Frauenstimmrecht. Davor waren die Mehrzahl der Schweizer der Meinung, die Frauen gehörten ausschließlich hinter den Herd beziehungsweise vor das Chuchichäschtli. Damit bewiesen die Männer aber lediglich, dass sie nicht mehr alle Tassen in selbigem hatten.

Die ultimative Nagelprobe für jeden ausländischen Gast: Sagen Sie mal »Chuchichäschtli«!

Cresta Run

Der Cresta Run ist der Eiskanal zwischen St. Moritz und Celerina, auf dem im Winter die Cresta-Rennen stattfinden, eine dem Skeleton sehr ähnliche Wintersportart. Sprich: Die Fahrer stürzen sich Kopf voran und bäuchlings auf einem Metallschlitten, genannt Toboggan, die Natureisbahn hinunter. Diese ist benannt nach Cresta, einem Ortsteil von Celerina. Im Winter 1884/85 wurde die Bahn erstmals von einer Gruppe Briten um Major W. H. Bulpett erstellt. Noch heute wird rund um die Bahn traditionell englisch gesprochen. In der Zeit zwischen Weihnachten und Ende Februar werden zahlreiche Rennen auf dem Cresta Run ausgetragen, unter anderem das so genannte Grand National und der »Gunter Sachs Challenge Cup«. Gunter Sachs war auch schon Präsident des »Shuttlecock Club«. Der wiederum ist benannt nach der schwierigsten Kurve der 1214 Meter langen Bahn beziehungsweise nach den physiologischen Auswirkungen dieser Kurve. Sie ist extra flach gebaut, damit die Anfänger dort in die bereitgelegten Strohballen fliegen, anstatt im steilen Schlussstück zu stürzen. Dafür werden sie dann in den Club aufgenommen und dürfen am jährlichen Shuttlecock Dinner teilnehmen.

Das können wir uns nur so erklären, dass in der Shuttlecock-Kurve auch die Hirne der exklusiven Clubmitglieder arg durchgeschüttelt werden.

Die besten Fahrer erreichen auf dem Cresta Run Spitzengeschwindigkeiten von bis zu 140 km/h, im Durchschnitt sind es etwa 90 km/h. Der Streckenrekord beträgt 50,09 Sekunden und wird vom Briten James Sunley seit 1999 gehalten. Erfolgreiche ehemalige Cresta-Piloten sind der dreimalige Skeleton-Europameister Nico Baracchi und die je achtfachen »Grand National«-Sieger Nino Bibbia aus Italien und Franco Gansser aus der Schweiz. Der bekannte Schweizer Skeleton-Fahrer Gregor Stähli hingegen bevorzugt die Fahrten auf dem Olympia-Bob-Run.

Der Cresta Run, der im Gegensatz zur Bobbahn in direkterer Linie von St. Moritz nach Celerina hinunterführt, hat zwei Startpunkte, »Top« (volle Streckenlänge) und »Junction«

(um ein Drittel verkürzt). Anfänger dürfen nur von »Junction« starten. Sie zahlen 500 Franken, fünf Läufe inklusive, und erhalten eine Schulung, bevor sie sich mit Helm, Ellbogen- und Knieschoner aufs Eis wagen. In den Anfängen des Cresta Run stand die Bahn auch Frauen offen. Wegen angeblichem Brustkrebsrisiko wurde ihnen die Teilnahme aber verwehrt, ein Verbot, das bis heute gilt. Das können wir uns nur so erklären, dass in der Shuttlecock-Kurve auch die Hirne der exklusiven Clubmitglieder arg durchgeschüttelt werden.

Nur was für ganze Kerle? Mutprobe Cresta Run

Dadaismus

Dadaismus selbst ist höherer Unsinn und gegen den »Ismus« haben sich die Dadaisten immer gewehrt. Sie nannten ihre Bewegung ganz einfach Dada. Woher dieser Name kommt, ist schwierig zu rekonstruieren. Entweder hat Hugo Ball mit einem Messer in ein deutsch-französisches Wörterbuch gestoßen und dabei »dada« (frz. für Steckenpferd) erwischt oder aber es war der Name eines damals verbreiteten Haarwaschmittels. 1916 entstand mit Hugo Ball, Emmy Hennings, Tristan Tzara, Richard Huelsenbeck, Marcel Janco und Hans Arp im »Cabaret Voltaire« an der Spiegelgasse 1 in Zürich die Dada-Bewegung. Die Dadaisten stellten mit ihren einfachen, scheinbar zufälligen und künstlerisch anarchistischen Aktionen die bestehenden Ideale und Normen in Frage. Der Zweifel an sich und am herrschenden Kunstbetrieb war ihr oberstes Gebot: Kaum hatte sich der Dadaismus als solcher etabliert, riefen die Künstler dazu auf, ihn wieder zu vernichten. Dada als Anti-Kunst.

Dadaismus zu definieren ist eigentlich Unsinn, denn das Wesen des Dadaismus besteht darin, dass er sich nicht definieren lässt.

Hans Arp schilderte einen klassischen Dada-Abend einmal wie folgt: »Tzara lässt sein Hinterteil hüpfen wie den Bauch einer orientalischen Tänzerin, Janco spielt auf einer unsichtbaren Geige und verneigt sich bis zur Erde. Frau Hennings mit einem Madonnengesicht versucht Spagat. Huelsenbeck schlägt unaufhörlich die Kesselpauke, während Ball, kreidebleich wie ein gediegenes Gespenst, ihn am Klavier begleitet. – Man gab uns den Ehrentitel Nihilisten.« Unerreicht bleiben Hugo Balls Lautgedichte, vorgetragen in futuristischer Verkleidung. Das Publikum, so wird überliefert, reagierte verwundert. Wegen Beschwerden von Nachbarn musste das »Cabaret Voltaire« schließen und zog in eine Galerie an der →Zürcher Bahnhofstrasse. Wassily Kandinski, Paul Klee und Giorgio de Chirico stellten dort aus, Tristan Tzara hatte inzwischen die Zeitschrift »DADA« gegründet.

Nach Ablegern in Deutschland, Frankreich und New York mit so berühmten Exponenten wie

Kurt Schwitters, Max Ernst und Marcel Duchamp verlor sich die Bewegung in den 20er-Jahren. Sie gilt aber als radikaler Schritt in der Kunstgeschichte und als Wegbereiter des Surrealismus und der experimentellen Lyrik, wie sie zum Beispiel Ernst Jandl betrieb. Seit 2002 findet im »Cabaret Voltaire« wieder ein dadaistisch motivierter Kulturbetrieb statt, unter anderem dank der großzügigen finanziellen Unterstützung von Nick Hayek Junior, dem CEO der Swatch-Group. Ob das im Sinn oder im Unsinn der Dadaisten ist, bleibt umstritten.

Dada als Anti-Kunst: Ankündigung eines Dada-Abends in Zürich

Direkte Demokratie

In kaum einem souveränen Staat gibt es derart ausgebaute Mitbestimmungsrechte des Volkes wie in der Schweiz. Bürgerinnen und Bürger dürfen im wahrsten Sinn des Wortes und zu allem, was sie wollen, die Initiative ergreifen: Mit der so genannten Volksinitiative können sie eine Änderung der Bundesverfassung erwirken. Innerhalb von 18 Monaten müssen dafür die Unterschriften von 100 000 Stimmberechtigten gesammelt werden. Nachdem das Parlament darüber beraten und allenfalls einen Gegenvorschlag beschlossen hat, kann das Volk abstimmen. Für ein Referendum gegen bereits gutgeheißene Gesetzesvorschläge braucht es 50 000 Unterschriften. Viele weitere Vorlagen kommen obligatorisch vors Volk.

Seit Jahrhunderten gleich: Die Landsgemeinde damals ...

So kommt es, dass die Schweizerinnen und Schweizer rund fünf Mal pro Jahr an die Urne gerufen werden, wo sie dann zum Beispiel über den Erweiterungsbau eines Schulhauses, über die Verlängerung einer Tramlinie oder über die Abschaffung der Schweizer Armee entscheiden müssen. Den meisten aber ist abstimmen zu kompliziert oder schlicht zu blöd. Die Stimmbeteiligung beträgt im Durchschnitt gerade mal 30 %. Stell dir vor, es ist Demokratie und keiner geht hin.

Der Bund hingegen nimmt es wesentlich ernster: Als 2006 der Zugang zum Bundeshaus wegen Renovierungsarbeiten eingeschränkt war, teilte er auf seiner Homepage den Bürgerinnen und Bürgern mit: »Wir möchten allen Urheberkomitees die Ausübung ihrer demokratischen Rechte auch unter erschwerten Umständen mit einem Minimum an Behinderungen ermöglichen. Wenn Sie nächstens Unterschriftenlisten einreichen möchten, bitten wir Sie daher mit der Bundeskanzlei Kontakt aufzunehmen (webmaster

@admin.ch [betr.: Politische Rechte]), damit Ihnen das Kreisschreiben mit hilfreichen Hinweisen für die Einreichung der Unterschriftenlisten während der Renovierungsarbeiten am Bundeshaus West zugestellt werden kann.« Die älteste und einfachste Form der schweizerischen Demokratie ist aber die Landsgemeinde. Die wahl- und stimmfähigen Bürger eines Kantons versammeln sich an einem bestimmten Tag unter freiem Himmel, um die Regierung zu wählen und über Gesetze zu entscheiden, heute noch praktiziert in den Kantonen Appenzell Innerrhoden und Glarus. Beim Abstimmen erheben die Teilnehmenden die Hand. Ist das Resultat nicht auf Anhieb erkennbar, wird die Prozedur wiederholt. In krassem Gegensatz zur Tradition der direkten Demokratie steht das →Frauenstimmrecht, das in der Schweiz erst 1971 eingeführt wurde, in Appenzell Innerrhoden sogar erst 1990. Ein Argument dort war, dass der Landsgemeindeplatz zu klein wäre, wenn die Frauen auch kommen würden.

... und heute. Abgestimmt und gewählt wird per Handaufhalten.

DJ Bobo

In einem Jugendtreff in der Schweizer Stadt Aarau begann Mitte der 80er-Jahre die Karriere eines gewissen René Baumann, gelernter Bäcker und Konditor, geboren 1968. Er legte Platten auf und sich selber einen Künstlernamen zu: DJ Bobo. Das war damals sein Graffiti-Tag und sein Spitzname, inspiriert von der Comicfigur »Bobo, der Ausbrecherkönig«. Ob er sich von der Comicwelt im Allgemeinen zu seinen gelinde gesagt futuristischen Bühnen-Outfits inspirieren lässt, bleibt sein Geheimnis. Tatsache ist, dass er bald einmal aus der Provinz ausbrach, Anfang der 90er als DJ in der Zürcher Disco Oxa arbeitete und eigene Songs zu produzieren begann. 1993 hatte er mit »Somebody dance with me« seinen ersten Nummer-eins-Hit in der Schweiz. Eine US-Plattenfirma klagte, der Refrain des Liedes sei ein Plagiat von »Somebody's Watching Me«. Man einigte sich außergerichtlich auf einen Vergleich. Seither klingen die Refrains der Lieder von DJ Bobo immer in etwa gleich und tragen so vielschichtige Titel wie »Keep On Dancing«, »There Is A Party«, »Where Is Your Love«, »Around The World«, »Celebrate« und »Chihuahua«. Letzterer wurde als Hintergrundmusik zu einer Coca-Cola-Werbung zum weltweiten Sommerhit 2003 und DJ Bobo damit zum musikalischen Global Player. Wie kaum einer versteht er es, mit simplen, eingängigen Melodien und effektvollen Fantasy Shows die Massen zu bewegen. Ein bisschen Liebe, ein bisschen Frieden, viel Rhythmus und Tanz: offenbar die ideale Unterhaltung für die Kids von heute und ihre anspruchslosen Eltern. Und für DJ Bobo mittlerweile ein Millionenunternehmen.

Sein selbstkritischer Kommentar: »Das Reglement muss überdacht werden.«

Der Schweizer Export-Schlager sollte auch beim Eurovision Song Contest 2007 einschlagen. Aus eigenem Antrieb reichte DJ Bobo den Song »Vampires Are Alive« ein und durfte damit die Schweiz vertreten. Zuerst musste er sich aber gegen aufgebrachte Christen wehren, die forderten, den Titel zurückzuziehen, da er »eine Gefahr für suizidgefährdete Jugendliche«

darstelle. Eine Petition mit 49 083 Unterschriften wurde dafür eingereicht (→ direkte Demokratie). Das brutale Urteil über das Lied fällte dann allerdings das europäische TV-Publikum: DJ Bobo fiel im Halbfinale aus dem Rennen und landete auf Rang 20. Sein selbstkritischer Kommentar: »Das Reglement muss überdacht werden.« René Baumann ist in zweiter Ehe mit Nancy verheiratet, die als Tänzerin in seinen Shows mitwirkt und mit der er zwei Kinder hat. Seine erste Frau Daniela versucht derweil vergeblich, sich mit peinlichen Auftritten in Reality Shows ein Stück vom Kuchen des erfolgreichen Bäckers abzuschneiden.

Ein bisschen Liebe, ein bisschen Frieden, viel Fantasy: das Erfolgsrezept des gelernten Bäckers DJ Bobo

Dürrenmatt, Friedrich (1921–1990)

Friedrich Dürrenmatt, nebst → Max Frisch der einflussreichste Schweizer Schriftsteller des 20. Jahrhunderts, lebte von 1921 bis 1990. Anstatt sein ganzes Werk und seine Deutung hier aufzuführen, zitieren wir aus Dürrenmatts »Schweizerpsalmen«, geschrieben in den Jahren 1950 und 1971, und gewähren damit einen Blick mit seinen Augen auf die Schweiz:

»Es breitet sich zwei Schritte in die Länge und drei in die Breite wie der Garten eines Fabrikanten zu meinen Füßen aus, der in undurchsichtigen Geschäften verreist ist.«

»Was zum Teufel soll ich mit diesem Land anfangen? Es breitet sich zwei Schritte in die Länge und drei in die Breite wie der Garten eines Fabrikanten zu meinen Füßen aus, der in undurchsichtigen Geschäften verreist ist.

Einst dürstete ich nach deinem Glauben, mein Land, nun dürste ich nach deiner Gerechtigkeit. Wahrlich, die Ärsche deiner Staatsanwälte und Richter lasten so schwer auf ihr, dass ich das Wort Freiheit kaum mehr ertragen kann, das du ständig im Maule führst, deine Glaubhaftigkeit zu beweisen, an die niemand mehr glaubt. Nur noch deine Bankgeheimnisse sind glaubhaft.

Was ist aus dir geworden, mein Land?

Von den Steuerhinterziehern aller Länder unterhalten, schenkst du General Westmoreland Whisky ein, mit ihm nächtlich auf die Rettung des Abendlandes anstoßend.

Wehe denen, die anders denken als du. Deine Lehrstühle hältst du von jedem Stäubchen Marxismus rein, dein Patriotismus ist so steril und keimfrei, dass auf seinem Boden wirklich nichts mehr wächst. Jede neue Idee ist für dich eine Seuche. So lebst du in ewiger Furcht vor Schnupfen und Masern, dabei hast du Krebs, du willst es nur nicht wissen, und die Psychiater kratzen sich verlegen hinter den Ohren, reden sie von dir, doch du lässt nicht mit dir reden. Wer dir seine Moral predigen will, den lässt du deine Moral spüren.

Nichts gegen deine Armee. Dieser wackere Verein verdrosch einst Österreicher, Burgunder und Deutsche, verdrosch die Unterdrückten fremder Unterdrücker, doch vor allem verdrosch er sich selber, bis er von Napoleon »Gott sei Dank« so gründlich verdroschen wurde,

dass er seitdem friedlich wurde, unsere Grenzen mit seinen Waffen beschützend, wie er sich einbildet, denn in Wahrheit wurden wir hauptsächlich durch unsere Geschäfte beschützt.
Und die Berge liebe ich eigentlich auch nicht. Wie wenn es irgendwie sinnvoll wäre, die Köpfe und Gräte in so hohe Höhen zu stecken, wo es immer schneit, sogar noch im Hochsommer. Und dann steht man da in Eis gepanzert, ohne Leben und gemeingefährlich, dass am Schluss nicht einmal die Gämsen mehr an einem herumklettern.«

Friedrich Dürrenmatt, aufgenommen am 18. Juni 1988 in Schwetzingen

Eigernordwand

Fachleute nennen sie schlicht »die Wand« und ihr Mythos ist ungebrochen. Die Nordwand des Eiger schießt direkt aus den Alpenweiden hoch in den Himmel, ist vier Kilometer breit und rund 1800 Meter hoch. Der Eiger (3970 Metern ü.M.) bildet zusammen mit Mönch (4107) und Jungfrau (4158) das bekannte Dreigestirn im Berner Oberland. Eine Durchsteigung der Nordwand auf der klassischen Heckmair-Route dauert rund 20 bis 30 Stunden. Mit dem Kopf durch die Wand zu wollen ist also nicht ratsam. Mit Köpfchen allerdings schaffte Ueli Steck, ein Schweizer Extrembergsteiger, die Route in zwei Stunden und 47 Minuten. Er ist bis heute zwar der Schnellste, war aber nicht der Erste.

Das ist der Gipfel! Erhaben und majestätisch thront der Eiger über den Wolken.

Erstmals durchstiegen wurde die Eigernordwand vom 21. bis 24. Juli 1938 von einer deutschen Seilschaft mit Anderl Heckmair und Ludwig Vörg und einer österreichischen mit Heinrich Harrer und Fritz Kasparek. In einer »Spinne« genannten Wandstelle hatten sich die beiden Duos zu einer Viererseilschaft vereint. Der in einem Münchner Waisenhaus aufgewachsene Heckmair – für Reinhold Messner »der Kühnste der vier Verwegenen« – führte die Gruppe nach zwei Biwaknächten schließlich im Schneesturm auf den Gipfel. Das »letzte Problem der Alpen« war gelöst. Das Nazi-Regime missbrauchte die Vereinigung der Seilschaften als Symbol für den kurz zuvor erfolgten Anschluss Österreichs an Deutschlands und schlachtete den bergsteigerischen Erfolg propagandistisch aus. Umstritten war dabei aber auch die Rolle von Heinrich Harrer, der lange seine SS-Mitgliedschaft verschwiegen hatte. Gemäß Heckmairs Erinnerung soll er auf dem Eigergipfel eine

Hakenkreuzfahne in den Schnee gepflanzt haben. Harrer, der sich selbst jahrzehntelang als propagandistisch missbrauchtes Opfer bezeichnete, ist mittlerweile als Gesinnungsnazi enttarnt. Adolf Hitler empfing die Erstbesteiger persönlich, auch Harrers Seilgefährte Kasparek trat der SS bei und widmete die alpine Heldentat in seinem 1939 erschienenen Buch »Ein Bergsteiger« dem Führer: »Konnten wir als Deutsche anders handeln? Musste vor unseren Augen nicht immer wieder der Führer erstehen?« Die rebellischen Heckmair und Vörg

Ein Schweizer Dreigestirn: Eiger, Mönch und Jungfrau

hingegen mussten trotz ihres Erfolgs am Eiger an die Ostfront, wo Vörg fiel. Kasparek verunglückte 1954 tödlich am Gipfelgrat des Salcantay in Peru. Heckmair und Harrer starben 2005 und 2006 hochbetagt und zehrten ihr Leben lang vom Ruhm der Erstbesteiger.

Die wohl ergreifendste Geschichte über den Versuch, den Berg zu bezwingen, ist die von Toni Kurz aus Berchtesgaden. Zusammen mit Andreas Hinterstoisser, Willy Angerer und Edi Rainer steigt er 1936, gerade einmal 23 Jahre alt, in die Wand ein. Nachdem einer der Bergsteiger von einem Stein verletzt worden war, entschließt sich die Gruppe zum Rückzug. Bei einer Schlüsselstelle, die Hinterstoisser im Aufstieg souverän bezwang und die seither seinen Namen trägt, kommt die Seilschaft aber nicht mehr weiter. Die Alpinisten haben es unterlassen, nach der Durchsteigung des Quergangs ein Seil für den Rückzug hängen zu lassen. Den vier Männern bleibt nichts anderes übrig, als direkt über eine Steilstufe in unbekanntes Gelände abzuseilen. Dabei geschieht das Unglück: Hinterstoisser wird von einer Lawine in die Tiefe gerissen; sein Kamerad wird vom Seil stranguliert; der Dritte erfriert. Übrig bleibt Toni Kurz, der, am Seil hängend, um Hilfe ruft. Vom Stollenloch aus wird er gehört. Die einzige Rettungsmöglichkeit besteht darin, dass Kurz sich zu den Helfern abseilt. Angerer hängt tot am Ende des Seils. Kurz muss ihn unter sich abschneiden. Da das Seil zu kurz ist, muss er wieder nach oben zum Sicherungshaken klettern und das Seil entlasten. Mittlerweile völlig entkräftet und die linke Hand bereits erfroren, braucht Kurz drei Stunden für das Aufdröseln des Seils. Er schafft es, eine Verlängerung zu den Rettungskräften herabzulassen und ein 30-Meter-Seil zu sich heraufzuziehen. Es ist zu kurz. Die Retter knoten ein zweites Seil an. Als er sich endlich mit einem Karabinersitz abseilen kann, passt der Knoten nicht durch das Auge des Karabinerhakens. Unfähig, sich nach oben oder unten zu bewegen,

Die Erstbezwinger der Eigernordwand (von links nach rechts): Heinrich Harrer, Andreas Heckmair (mit Eispickel), Ludwig »Wiggerl« Voerg und Fritz Kasparek posieren am 24. Juli 1938 nach der Erstbesteigung bei Grindelwald für ein Foto.

stirbt Toni Kurz Minuten später, vier Meter über den Köpfen seiner Helfer. Seine letzten Worte: »Ich kann nicht mehr.« »O shit – let's get the hell out of here!«, soll Clint Eastwood gesagt haben, beim ersten Blick in die Wand, bei den Dreharbeiten für den Hollywood-Thriller »The Eiger Sanction«. Ueli Steck schüttelt darüber nur den Kopf und geht erneut die Wand hoch.

Und hoch den Berg im Gänsemarsch! Teilnehmer des Jungfrau-Marathons am Fuss des Eigers

Emil (1933)

Emil heißt auch bürgerlich Emil, mit Nachnamen Steinberger, und ist wohl einer der in Deutschland bekanntesten Schweizer. Zur Welt kam Emil am 6. Januar 1933 in →Luzern, wo er nach einer Ausbildung zum Postbeamten die Schule für Gestaltung besuchte und dann Grafiker wurde. 1967 gründete er das Kleintheater Luzern, heute noch eine erlesene Adresse für Kabarettaufführungen.Da selbst spielte er auch seine ersten Programme und entwickelte seinen unvergleichbaren Stil: Die hochkomischen und gleichzeitig himmeltraurigen, oft auch improvisierten Parodien der so genannten einfachen Leute, vom Postbeamten – der er selber einmal war –, über den griesgrämigen Nachbarn am Fenster, den Familienvater im Zug Richtung Süden oder den zunehmend entnervten Fahrlehrer. Damit spielte er sich via Bühne, Radio, Fernsehen und Zirkus in sämtliche Wohnzimmer und Herzen der Schweizerinnen und Schweizer, und bald auch der Deutschen. Dort allerdings in Hochdeutsch, oder besser in Emil-Hochdeutsch. Seine Programme zu übersetzen, fiel ihm gar nicht so leicht: Wenn der Fahrlehrer »parkiert«, der Nachbar beim »Grillieren« zuschaut oder die »Klassenzusammenkunft« stattfindet, dann musste er seinem deutschen Publikum immer zuerst erklären, worum es geht (→Helvetismus). Was allerdings nicht verhindern konnte, dass die Deutschen meinten, ihr Emil oder überhaupt alle Schweizer redeten →Schwyzerdütsch, wenn sie eigentlich versuchen, Hochdeutsch zu sprechen.

Emil 1978 im Film »Die Schweizermacher«, bis heute der erfolgreichste Film des Landes

1987 hatte Emil genug von Emil, beendete seine Bühnenkarriere und ging 1993 nach New York, wo ihn keiner kannte und niemand meinte, er rede Hochdeutsch. Sechs Jahre später heiratete er seine zweite Frau, Niccel, und kehrte mit ihr in die Schweiz zurück. Niccel Steinberger, aus

Köln stammend, lernte in drei Monaten Schwyzerdütsch. Kein Wunder, als Frau von Emil. (Wie es übrigens Ausländern ergeht, die Schweizer werden möchten, zeigt Emil als nur leicht überzeichneter Beamter im Film »Die Schweizermacher«, nota bene dem erfolgreichsten Schweizer Film bis heute.)

Seit seiner Rückkehr aus New York steht Emil mit kabarettistischen Lesungen wieder auf der Bühne, mit ungebrochenem Elan und Erfolg. Die Preise für sein Lebenswerk sind zahlreich, unter anderem erhielt er den Deutschen Kleinkunstpreis, den bayrischen Kabarettpreis und den Salzburger Ehrenstier. Erst kürzlich erschien übrigens eine CD, worauf Emil einmal mehr versucht, den Deutschen das echte Schwyzerdütsch näher zu bringen, unter dem Motto: »S'isch schaurig schön!«

Ein Lachen im Gesicht und den Schalk im Nacken: Emil, wie er leibt und lebt

Emmentaler

Mit Emmentaler ist nicht etwa ein Bewohner der sanften Hügellandschaft, mit ihren unzähligen »Högern« (Hügeln) und »Chrächen« (hinterster Winkel, Ende der Welt) zwischen Voralpen und Jura gemeint, sondern der Käse von dort. Ausdrücklich von »Emmentaler Käse« ist erstmals in einem Dokument von 1542 die Rede. Ursprünglich wurde der Emmentaler nur im Sommer auf den Alpen in relativ kleinen Mengen hergestellt und diente vorwiegend der Selbstversorgung. Käseherstellung war damals die einzige Möglichkeit, Milch für eine längere Zeit haltbar zu machen. Ende des 17. Jahrhunderts erreichte die Emmentalerproduktion ein bis dahin nicht gekanntes Ausmaß, dank dem so genannten Kühersystem: Das altalemannische Erbrecht schrieb die ungeteilte Übernahme des Bauernhofes durch den jüngsten Sohn vor. Die anderen Söhne wurden ausbezahlt und mit dem Geld kauften sie sich Kühe, pachteten Alpweiden und produzierten so mehr Milch und Käse als für den Eigenbedarf nötig war. Ein reger Handel mit Käse, begann und bald wurde auch für den Export und außerhalb des Emmentals produziert. Viele Schweizer Käser suchten ihr Glück auch im Ausland, mit der Folge, dass heute auf der ganzen Welt Großlochkäse produziert wird. Doch nicht überall, wo Emmentaler draufsteht, ist auch Emmentaler drin. Als der Markenschutz 1882 in Europa eingeführt wurde, war der Emmentaler bereits international. Da kam das Bundesamt für Landwirtschaft reichlich spät, als es 2004 die Bezeichnung »Emmentaler« schützen wollte. Von Frankreich bis Finnland hagelte es Proteste. Wenigstens durfte sich dann aber der Schweizer Emmentaler, nach einem Entscheid des

Die sanften Hügel und die liebliche Landschaft des Emmentals lassen den Käse reifen.

Bundesgerichts, mit Nachnamen AOC nennen, »Appellation d'Origine Contrôlée«. Dieser echte Emmentaler wird heute, der Globalisierung zum Trotz, in vielen Dorfkäsereien hergestellt, und zwar so: Zuerst wird die Rohmilch auf ihre Qualität geprüft. In der ganzen Produktionskette sind Zusatzstoffe und Konservierungsmittel genauso verboten wie gentechnisch veränderte Organismen oder die Fütterung der Kühe mit Silofutter oder Tiermehl. Die Milch wird nun im kupfernen Käsekessel, sprich Chäschessi (→Chuchichäschtli), langsam unter

Keine Mondlandschaft, alles Käse

Rühren erhitzt. Für 1 Kilogramm Emmentaler braucht es zwölf Liter Milch. Nach ungefähr 20 Minuten erreicht die Milch eine Temperatur von rund 32 °C. Nun werden Lab und Milchsäurebakterienkulturen beigefügt. Lab lässt die Milch gerinnen und die natürlichen Bakterienkulturen bewirken später, dass der Käse gärt und reift. Nach rund 30 Minuten ist die Milch geronnen. Mit der Käseharfe, einem mit Draht bespannten Rührinstrument, wird die geronnene Milch in möglichst gleichmäßige Stücke zerschnitten. Diese so genannten Käsekörner werden immer kleiner und sondern dabei wässrige Molke ab, auch Sirte genannt. Durch Aufheizen auf über 50 °C wird dem Gemisch noch mehr Wasser entzogen. Jetzt holt der Käser das Sirte-Käsekörner-Gemisch, den so genannten Bruch, mit dem Käsetuch aus dem Chessi und gibt ihn in eine Käseform. Während rund 20 Stunden wird die Masse mit zunehmendem Druck gepresst und mehrmals gewendet. Nach dem Pressen kommt der frische Käselaib ins Salzbad. Dadurch beginnt sich die Rinde zu bilden, die dem jungen Käse Halt verleiht. Nach dem Bad bleibt er rund 14 Tage im kühlen Salzbadekeller und kommt dann für sechs bis acht Wochen in den 20 bis 23 °C warmen und feuchten Gärkeller. Im Alter von gut drei Monaten holt der Käsehändler den Laib ab. Er ist jetzt genießbar, kann aber noch länger gelagert werden. Je länger die Reifung, desto intensiver wird das Aroma.

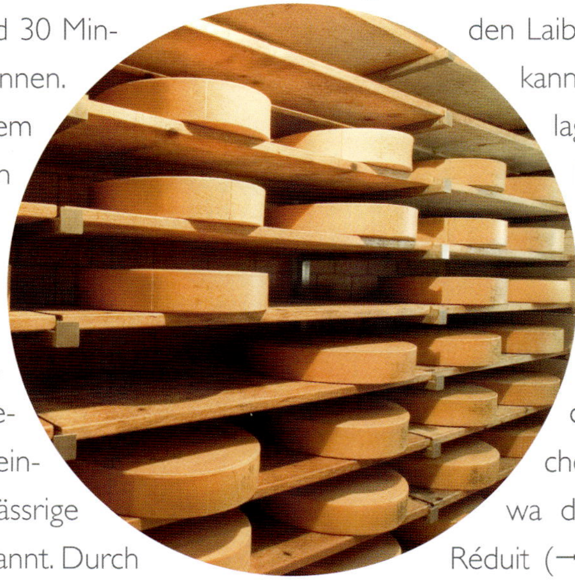

Die Laibe im Keller sind die Goldbarren des Käsers.

Nun aber zur alles entscheidenden Frage: Wie kommen die Löcher in den Käse? Es sei versichert, sie dienen nicht in etwa der Schweizer Armee als Réduit (→Gotthard) oder zur Aufbewahrung des →Bankgeheimnisses. Sie entstehen während des Reifeprozesses im warmen Gärkeller. Die an der Fermentierung beteiligten Bakterien setzen Kohlensäuregas frei. Die Rinde verhindert das Entweichen, also bilden sich die Löcher im Laib. Je runder und gleichmäßiger die Löcher, desto besser der Käse. So weit, so gut. Die zweifelsohne schönste Erklärung aber liefert uns Kurt Tucholsky beziehungsweise der Herr Papa zu seinem Sohn im Stück »Wo kommen die Löcher im Käse her...?«: »Also, die Löcher im Käse, das ist bei der Fabrikation; Käse macht man aus Butter und aus Milch, da wird er gegoren, und da wird er feucht; in der Schweiz machen sie das sehr schön, wenn du groß bist, darfst du auch mal mit in die Schweiz, da sind so hohe Berge, da liegt ewiger Schnee darauf – das ist schön, was?«

Für ein Kilo Emmentaler braucht es zwölf Liter Milch.

Felix, Paola (1950) und Kurt (1941)

Wie Kurt Felix auf die Idee mit der versteckten Kamera kam, wird man wohl nie erfahren, denn als er die Idee hatte, gab es ja noch keine versteckte Kamera, die ihn dabei hätte filmen können. Auf jeden Fall schrieb der Einfall Fernsehgeschichte: In der Schweiz erfand Kurt Felix 1973 die Sendung »Teleboy« mit ebendieser versteckten Kamera.

Die Samstagabendsendung erreichte mit bis zu 70 % die höchsten Einschaltquoten in der Geschichte des Schweizer Fernsehens. Episoden davon prägten sich ins kollektive Gedächtnis ein. In einer der berühmtesten Szenen wurde einem Ahnungslosen die Fernbedienung für ein Modellflugzeug in die Hand gedrückt, weil der Besitzer angeblich auf die Toilette musste. Die Fernbedienung war eine Attrappe, das Flugzeug wurde von anderswo bedient und flog entsprechend haarsträubend durch die Gegend, während der Ärmste an den Schaltern rumhebelte und verzweifelt rief: »Dä söll emol cho!« (Der soll endlich mal kommen!) Ein Satz, der zu einer stehenden Wendung im →Schwyzerdütsch avancierte.

Leider ebenfalls nicht mit versteckter Kamera festgehalten wurde, wie Kurt Felix die Sängerin Paola del Medico kennenlernte.

Kurt Felix kam 1941 in Wil im Kanton St. Gallen als Sohn eines Musiklehrers zur Welt, arbeitete später selbst als Lehrer und wechselte dann zum Fernsehen. Nach dem Großerfolg mit »Teleboy« adaptierte er die Sendung für Deutschland. »Verstehen Sie Spaß?« wurde auch im Nachbarland zum Straßenfeger. Leider ebenfalls nicht mit versteckter Kamera festgehalten wurde, wie Kurt Felix die Sängerin Paola del Medico kennenlernte. Auf jeden Fall heirateten sie 1980 und moderierten ab 1983 gemeinsam die Sendung. Mit bis zu 23 Millionen ZuschauerInnen war sie die erfolgreichste der ARD, das Ehepaar Felix wurde zum beliebtesten Moderatorenpaar des Landes gewählt.

Paola wiederum, geboren 1950 in St. Gallen, hatte da schon eine steile Karriere als Schlagersängerin hinter sich: Mit 18 Jahren holte sie sich mit »Bonjour, bonjour« den zweiten Platz am Grand Prix Eurovision de la Chanson in Madrid (→ DJ Bobo) und 1978 landete sie mit »Blue Bayou« den größten Hit ihrer Karriere. Bis heute gilt sie als die erfolgreichste Schweizer Sängerin in Deutschland. In den 90er Jahren – seit einer (erfolgreich behandelten) Krebserkrankung von Kurt Felix – haben sich die beiden zurückgezogen von den Bühnen und entziehen sich relativ erfolgreich der Schweizer →Cervelat-Prominenz, ein Schweizer Ausdruck für all jene, deren geliftteter Hals sich streckt, sobald irgendwo ein Scheinwerfer angeht.

Kurt Felix schreibt diverse Kolumnen über das Fernsehen von heute, Paola arbeitet als Model für Modekollektionen, die beiden trinken gerne Wein und hatten 2007 eine Audienz bei Papst Benedikt XVI. Ob sie ihn dabei gefragt haben, ob er Spaß verstehe, ist nicht bekannt, denn leider war auch da erneut keine versteckte Kamera dabei.

Das Traumbild eines glücklichen Paares: Paola und Kurt Felix

Frauenstimmrecht

Frauen dürfen in der Schweiz in politischen Angelegenheiten vollumfänglich mitbestimmen! Und das bereits seit 1971! O.k., in Deutschland dürfen sie das seit 1919. In der Schweiz dauert halt so manches ein wenig länger. Warum? Da fragen Sie am besten die Männer. Bereits 1886 fordern Zürcher Frauen ein aktives und passives Wahlrecht. In den folgenden Jahren stehen die Sozialdemokratische Partei, die Gewerkschaften und der »Schweizerische Verband für Frauenstimmrecht« für Letzteres ein. In Volksabstimmungen wird das Begehren aber jeweils gnadenlos abgelehnt, von der männlichen Hälfte des Volks, ganz unter → Wilhelm Tells Motto: »Wir wollen sein ein einig Volk von Brüdern«. Und mit dem Slogan »Die Frau gehört ins Haus!« werben nicht nur konservative Männer, sondern auch Frauen aus bürgerlichen Kreisen. 1929 verläuft eine Petition mit 249 237 Unterschriften (von 170 397 Frauen und 78 840 von Männern) im Sand. In den Kriegsjahren müssen die Frauen zwar schauen, dass das Land weiter funktioniert, während die Männer die Grenzen bewachen, von Mitreden aber ist keine Rede.

Zuerst versuchten es die Frauen mit Blumen ...

1958 endlich ein Lichtblick: In einer Gemeinde im Kanton Baselland dürfen die Frauen erstmals in kantonalen Angelegenheiten abstimmen. Der Rest der Schweiz ist allerdings noch meilenweit vom Ziel entfernt. Am 1. Februar 1959 wird das Frauenstimmrecht in einer Volksabstimmung mit 67%igem Nein wuchtig verworfen. Im Kanton Uri (der Heimat von Wilhelm Tell) sagen über 80 % Nein, im Kanton Appenzell Innerrhoden sogar 95 %. 1962 will der →Bundesrat dem Europarat beitreten und die Europäische Menschenrechtskonvention unterzeichnen. Bezüglich des Frauenwahlrechts gibt es da allerdings ein kleines Problem. »Gott sei Dank« kommen der Regierung dann aber die wilden 60er-Jahre zu Hilfe. Am 7. Februar 1971 nehmen die Stimmbürger das eidgenössische Stimm- und Wahlrecht für Frauen endlich an. Mit den Worten von Josi J. Meier, eine der elf ersten weiblichen Parlamentsmitglieder: »Ja, die Frau gehört ins Haus. Ins Gemeindehaus, ins Bundeshaus!«

Nur die Männer aus Appenzell Ausserrhoden und Appenzell Innerrhoden weigern sich noch jahrzehntelang, auf kantonaler und Gemeindeebene nachzuziehen. 1989, als andernorts eiserne Vorhänge fallen, ergreifen die Männer in Appenzell Ausserrhoden die letzte Chance, den längst überfälligen Schritt aus eigener Initiative zu vollziehen. Ihren Kollegen im Nachbarkanton muss das höchste Schweizer Gericht 1990 höflich, aber bestimmt klarmachen, dass zur Einführung des Frauenstimmrechts keine Volksabstimmung notwendig sei. Es genüge vielmehr, die bestehenden Texte so zu interpretieren, dass die Frauen mit gemeint seien. Mit anderen Worten: Die »Stimmbürger« aus der ersten schriftlichen Verfassung der Schweiz von 1798 sind auch »Stimmbürgerinnen«. Darauf hätte, unter uns gesagt, das Gericht allerdings auch ein bisschen früher kommen können.

... irgendwann half nur noch der Verweis auf die Grundrechte, damit den Männern ein Licht aufging.

Frisch, Max (1911–1991)

Max Frisch gilt neben →Friedrich Dürrenmatt als bedeutendster Schweizer Schriftsteller des 20. Jahrhunderts. Nebst seinen Prosa- und seinen dramatischen Werken, die vornehmlich um Fragen der eigenen Identität kreisten, hat er sich immer auch als politischer Mensch verstanden und gehörte einer Generation von Intellektuellen an, die sich noch in aktuelle Debatten einzumischen wussten. Vor der Volksabstimmung über die Abschaffung der Schweizer Armee im Jahr 1989 schrieb er das Stück »Schweiz ohne Armee – Ein Palaver«, ein Dialog zwischen dem jungen Jonas und seinem Großvater. Daraus stammt folgender Ausschnitt:

»Was also hält diese Schweiz zusammen? Eben die Armee: als Brauchtum.«

»Großvater: Warum soll man die Armee abschaffen?

Jonas: Warum soll man sie nicht abschaffen?

– Sie lässt sich nicht abschaffen, Jonas.

– Wozu dann diese Volksabstimmung?

– Das bestärkt uns im Gefühl, es sei eine Demokratie, was die Armee verteidigt ... Jonas, überlege dir einmal, was unsere liebe Schweiz zusammenhält. Als Sonderfall. Die Welschen und Zürich, die Tessiner und Bern, ganz zu schweigen vom Jura. Eine Schweizerische Bundesbahn, wie zuverlässig auch immer, und die gemeinsamen Briefmarken in allen Landes-teilen, das macht ja noch nicht eine Nation. Und der Wohlstand macht es offenbar auch nicht. Reich werden kannst du auch als Deutscher oder als Amerikaner und so weiter. Wir haben eine Flagge, ja, und die siehst du überall: auf Wirtshäusern und auf der Kaserne und auf Dampfschiffen am Sonntag und an allen Banken, wenn in Zürich das Knabenschießen stattfindet, und bei Turnfesten und an der Olympiade unter vielen andern Flaggen. Das schon. Ein großer Glaube weht nicht um diese schmucke Flagge. Wenn's hochkommt, sind wir eine Ski-Nation. Im Winter. Glaube an eine geschichtliche Aufgabe, die uns zur Nation verbindet, davon sehe ich keine Spur. Alles, was ihnen zur Zukunft einfällt: Verteidigung! Landesverteidigung! Gesamtverteidigung!

– Was also hält diese Schweiz zusammen?

– Eben die Armee: als Brauchtum.«

35,6 % stimmten am 26. November 1989 für die Abschaffung der Armee. Die Stimmbeteiligung betrug außergewöhnlich hohe 68,6 %. Normalerweise beträgt sie bei Volksabstimmungen (→direkte Demokratie) um die 30 %, was Frisch zu folgender Aussage veranlasste: »Gemeint ist, dass die Mehrheit der Stimmberechtigten in unsrem Land gar nicht mehr zur Urne geht. Kein Parlamentarier, kein Regierungsrat in der Schweiz darf sagen, er sei von einer Mehrheit der Stimmberechtigten gewählt. (...) Und wozu eigentlich tun wir so, als glaubten wir, die Mehrheit entscheide? – als wüssten wir nicht, was die Mehrheit im Land, die eben deswegen nicht mehr zur Urne geht, selbstverständlich findet: de facto, aber wenn möglich durch demokratische Folklore getarnt, entscheidet ohnehin die Macht: in der freien Welt also das Kapital.«

Ein Dichter und Denker, wie er im Buche steht: Max Frisch

Gewehr im Schrank

»Die Schweiz hat keine Armee, die Schweiz ist eine Armee!« Diese Redewendung bezieht sich auf die weltweit einzigartige Form der Volksbewaffnung in der Schweiz. Jeder Angehörige der Armee (AdA) hat seine Uniform und seine persönliche Waffe samt Taschenmunition zu Hause. Das so genannte Sturmgewehr 90 steht also im Keller, auf dem Dachboden oder eben im Schlafzimmerschrank. Offiziere haben eine Pistole, die liegt dann wahrscheinlich in der Nachttischschublade oder im →Chuchichäschtli. Das kam so: Die schweizerischen Streitkräfte sind nach dem Milizsystem aufgebaut. Es gibt insgesamt nur etwa 5 % Berufs- und Zeitsoldaten. Alle übrigen AdA sind Wehrpflichtige im Alter zwischen 20 und 34 Jahren, die für die 18-wöchige Grundausbildung und die jährlichen Wiederholungskurse (WK) samt ihren Waffen einrücken. Da sie das meist mit öffentlichen Verkehrsmitteln tun, hat man manchmal an einem Sonntagabend bei einer Reise mit den →Schweizer Bundesbahnen das Gefühl, das Land befände sich im Kriegszustand. Der Gedanke hinter der Volksbewaffnung ist, dass sich der Soldat im Falle einer Kriegsmobilmachung zu seinem Einrückungsort durchkämpfen kann. Meist kämpft er sich aber mit Gepäck und Gewehr sehr umständlich, aber friedlich, durch die vollen Zugsabteile. Nach offiziellen Angaben der Armee befanden sich im Januar 2008 ganze 204 099 Armeewaffen zu Hause bei den AdA. Hinzu kommen rund 1,4 Millionen Waffen, die der Bund den ehemaligen AdA großzügig überlässt. Somit liegt in jedem vierten Haushalt in der Schweiz eine Waffe. Laut einem Bericht des Genfer Instituts für Internationale Studien vom August 2007 liegt

Dieses Sturmgewehr steht zu Tausenden in Schweizer Schlafzimmern herum.

die Schweiz in der Statistik »Waffen pro Kopf der Bevölkerung« im Weltvergleich auf Rang 4 – und damit noch vor dem Irak. Die Affinität zu Waffen hat eine Kehrseite: Ein Viertel der Suizide erfolgt durch Schusswaffen und auch bei Familientragödien sind sie oft das Tatmittel. Traurige Bilanz: jährlich 300 Todesopfer durch Dienstwaffen. Nachdem die Schweizer Skirennfahrerin Corinne Rey-Bellet von ihrem Ehemann im Frühjahr 2006 mit einer Armeewaffe erschossen worden war, wurde die Forderung nach einer Abrüstung der privaten Haushalte laut. Dagegen laufen die Waffennarren Sturm, in der Schweiz organisiert in der »Gesellschaft für ein freiheitliches Waffenrecht« mit dem sinnigen Namen »pro Tell«. Sie beschwören die »Einheit von Soldat, Waffe und Munition«. Nach weiteren Tötungsdelikten, vor allem an Frauen, beschloss das Parlament 2007, wenigstens die Taschenmunition einzuziehen. Gleichzeitig wurde die Volksinitiative »Für den Schutz vor Waffengewalt« lanciert, die die Waffen endgültig ins Zeughaus verbannen und somit den alten Zopf endlich abschneiden will. Vielleicht erledigt das aber die Zukunft von selber, denn das Gewehr im Schrank ist nur schwierig vereinbar mit den Sicherheitsbestimmungen im Schengen-Gebiet, dem die Schweiz seit Herbst 2008 angehört.

Zur Erfüllung der Schiesspflicht sind mitzunehmen:
Das Aufforderungsschreiben mit den Klebeetiketten, das Dienstbüchlein, das Schiessbüchlein oder der militärische Leistungsausweis, **die persönliche Dienstwaffe mit Putzzeug**, der persönliche Gehörschutz.

Programm 300 m und 25 m

Gewehr 300 m						Pistole 25 m					
Prog	**Anzahl Schüsse**	**Feuerart**	**Scheibe**	**Zeit**	**Patr**	**Prog**	**Anzahl Schüsse**	**Feuerart**	**Scheibe**	**Zeit**	**Patr**
1	5 x 1	Einzelfeuer	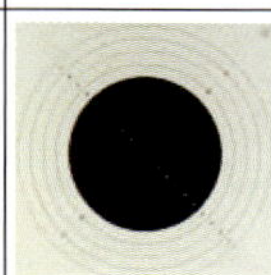	--	5	**1**	5 x 1	Einzelfeuer		--	5
2	5 x 1	Einzelfeuer		--	5	**2**	1 x 5	Schnellfeuer		50 Sek	5

Jährliche Schiessübung obligatorisch: Auszug aus einer Verlautbarung der Schweizer Armee zur Schiesspflicht 2008

Gipfeli

»Gipfeli« ist das schweizerdeutsche Wort für Croissant. Croissant wiederum ist das französische Wort für Hörnchen. Hörnchen heißt auf Österreichisch Kipferl und auf Schweizerdeutsch eben Gipfeli. Ob allerdings das Kipferl oder das Croissant zuerst erfunden wurde, ist in Bäckerkreisen umstritten. Die Wiener behaupten, sie hätten es als Gebäck zur Feier über den Kriegserfolg gegen die Türken dem türkischen Halbmond nachempfunden, die Franzosen wiederum berufen sich auf Marie Antoinette, die Tochter der Kaiserin Maria Theresia, und benannten es nach dem zunehmenden Mond, dem »croissant de lune«.

Sprüngli heißt wahrscheinlich so, weil sie dort mit wenigen Franken keine großen Sprünge machen können.

Den Schweizerinnen und Schweizern ist das allerdings egal, Hauptsache, es ist frisch. Am besten schmeckt das Gipfeli zu einem Kaffee und einem hoffentlich auch frischen →Birchermüsli. Sollte das Gipfeli von gestern sein, dann rufen Sie den Kellner und sagen: »Das ist der Gipfel!« Sagen Sie aber unter keinen Umständen: »Das ist das Gipfeli!«» Ebenso wenig sollten Sie, falls Sie auf dem →Matterhorn ankommen, sagen: »Was für ein schönes Gipfeli!« Sie machen sich damit wenig Freunde, denn nicht alles in der Schweiz darf verkleinert werden, schon gar nicht der Gipfel des Matterhorns.

Und wenn sich am Weltwirtschaftsforum in Davos irgendwelche Staats- und Weltbankpräsidenten die Hand schütteln, dann handelt es sich nicht um ein Gipfeli, sondern um ein Gipfeltreffen. Gipfeli dürfen Sie dort allerdings ungestört essen, sofern Sie die Gipfeli bezahlen können. Ein Gipfeli kostet in einer Schweizer Bäckerei ungefähr einen →Schweizer Franken. Achtung: nicht »Fränkli« sagen. Die wahrscheinlich edelsten Gipfeli gibt es in der Confiserie Sprüngli an der →Zürcher Bahnhofstrasse. Dort kostet ein Gipfeli 1,50 Franken. Sprüngli heißt wahrscheinlich so, weil sie dort mit wenigen Franken keine großen Sprünge machen können. Haben Sie das Gipfeli gekauft, so setzen Sie sich damit vor der Confiserie

Sprüngli auf ein Bänkli. Dort haben Sie beste Sicht auf die Hauptsitze der zwei größten Schweizer Banken. Achtung: Nicht Bänkli mit Bank verwechseln. Auch da sind manche Leute sehr empfindlich (→Bankgeheimnis). Genießen Sie also Ihr Gipfeli und schauen Sie dann, ob Sie noch genug Franken haben für ein →Birchermüsli. Das kostet im Sprüngli satte 11,50 Franken, mit Rahm plus 1,50. Rahm ist ein klassischer →Helvetismus und heißt Schlagsahne.

Hier dürfen Sie ohne zu zögern sagen: »Das ist das Gipfeli!«

Göldi, Anna (1734–1782)

Die »letzte Hexe Europas«, Anna Göldi (oder Göldin, so die damals übliche weibliche Form des Namens), wurde am 13. Juni 1782 in Glarus hingerichtet. Als »Vergifterin« war sie zum Tod durch das Schwert verurteilt und durch den Henker enthauptet worden, ihr Leichnam wurde unter dem Galgen verscharrt. Im Urteil vermied man zwar die Worte »Zauberei« und »Hexerei« – man sprach stattdessen von der »außerordentlichen und unbegreiflichen Kunstkraft« der Göldi –, gegolten hat sie aber zweifelsohne als Hexe. Mit folgendem Steckbrief, erschienen in der Zürcher Zeitung, der heutigen Neuen Zürcher Zeitung (NZZ), hatte man sie gesucht:

Sie heilte das Mädchen, bestärkte damit aber paradoxerweise ihre Verfolger in der Ansicht, dass sie eine Hexe sei.

»Löblicher Stand Glarus, evangelischer Religion, anerbietet sich hiermit demjenigen, welcher nachbeschriebene Anna Göldin entdecken, und der Justitz einbringen wird, Einhundert Kronenthaler Belohnung zu bezahlen; zumahlen solche in hier eine ungeheure Tat, vermittelst geheimer und fast unbegreiflicher Beibringung einer Menge Guffen (Nadeln) und anderen Gezeug gegen ein unschuldiges acht Jahr altes Kind verübet hat. Anna Göldin, aus der Gemeind Sennwald, ohngefähr 40. Jahr alt, dicker und grosser Leibsstatur, vollkommnen und rothlechten Angesichts, schwarzer Haaren und Augbraunen, hat graue etwas ungesunde Augen, welche meistens rothlecht aussehen, ihr Anschauen ist niedergeschlagen, und redet ihre Sennwälder Aussprach, tragt eine modenfarbne Jüppen, eine blaue und eine gestrichelte Schos, darunter eine blaue Schlingen- oder Schnäbeli-Gestalt, ein Damastenen grauen Tschopen, weis castorin Strümpf, ein schwarze Kappen, darunter ein weisses Häubli, und tragt ein schwarzes Seidenbettli.«

Anna Göldi stammte aus armen Verhältnissen und arbeitete als Dienstmagd. 28-jährig wurde sie schwanger. Der Kindsvater ließ sie sitzen, sie gebar das Kind allein. Kurz nach der Geburt starb es. Göldi wurde darauf wegen Kindsmordes verurteilt und bestraft. Drei Jahre später fand sie Dienst im Haus eines Dr. Zwicky in Mollis. Dieser schwängerte sie, die Geburt wurde verheimlicht. Das Schicksal dieses Kindes ist unbekannt. Später arbeitete sie als Magd beim Glarner Arzt, Ratsherrn, Richter und Regierungsrat Johann Jakob Tschudi, der aus einer der reichsten und einflussreichsten Familien des protestantischen Kantons Glarus stammte. Nachdem man im Oktober 1781 in der Milch der zweiten Tochter des Arztes, Annemaria, genannt Annemigli, Stecknadeln gefunden hatte, wurde Göldi entlassen. Die Tochter begann Nadeln zu speien und litt an krampfartigen Zuckungen. Im Februar des Jahres 1782 wurde Göldi unter dem Vorwurf, das Mädchen »verderbt« zu haben, verhaftet und schwer gefoltert. Sie heilte das Mädchen, bestärkte damit aber paradoxerweise ihre Verfolger in der Ansicht, dass sie eine Hexe sei. Die Hinrichtung löste heftige Reaktionen der deutschen Presse aus und wurde als Justizmord bezeichnet. Zum 225. Jahrestag der Hinrichtung von Anna Göldi wurde in Glarus die Anna Göldi-Stiftung gegründet. Sie will nicht nur das Andenken an Anna Göldi am Leben erhalten, sondern sie setzt sich auch für Randständige, Minderheiten und Opfer von Willkür ein. Prominentestes Mitglied der Stiftung ist →Altbundesrätin Elisabeth Kopp. Im Juni 2008, 226 Jahre nach ihrem Tod wurde Anna Göldi von der Glarner Regierung offiziell rehabilitiert.

Ähnlich wie diese »Hexe« nach einer historischen Zeichnung wurde auch Anna Göldi gefoltert, um ein Geständnis zu erpressen.

Gotthard

Gotthard ist Rock'n'Roll in jeder Beziehung. Ob als weltweit bekannte Schweizer Band oder als Hard-Rock-Pass über die Alpen. Der Sankt-Gotthard-Pass (italienisch San Gottardo) ist die wichtigste Nord-Süd-Verbindung über die Alpen. Die 27 Kilometer lange Passstraße verbindet die Ortschaften Andermatt im Kanton Uri und Airolo im Kanton Tessin und liegt auf 2091 Metern Höhe. Die Steigung beträgt rund 12 %. Auf der Passhöhe befindet sich die Europäische Hauptwasserscheide zwischen Rhein und Po.

Lieblich wie fast überall in der Schweiz ist die Landschaft am Gotthard-Massiv.

Den Römern war der Gotthard zwar bekannt, aber sie nutzten ihn kaum, denn die Schöllenenschlucht zwischen Göschenen und Andermatt war ein unüberwindbares Hindernis. Um 1220 wurde die erste Brücke gebaut. Einer Sage zufolge vom Teufel: Die Urner verzweifelten am Bauwerk und einer von ihnen rief: »Do sell der Tyfel e Brigg bue!« (Soll doch der Teufel eine Brücke bauen!). Kaum ausgesprochen, stand er leibhaftig vor den Urnern und schlug ihnen einen Pakt vor: Er baue die Brücke, bekäme aber als Gegenleistung die Seele des Ersten, der sie überquere. Als der Teufel fertig war, schickten die schlauen Urner einen Geißbock über die Brücke. Der Teufel war über diese List so erzürnt, dass er einen haushohen Stein holte, um das Bauwerk zu zerstören. Ihm begegnete aber eine fromme Frau, die ein Kreuz auf den Stein ritzte. Der Teufel, verwirrt durch das Zeichen Gottes, verfehlte die Brücke. Der Stein fiel die Schöllenenschlucht hinab und wird seither »Teufelsstein« genannt. 1977 wurde der 220 Tonnen schwere Stein mit einem Budget von 300 000 Franken um 127 Meter verschoben, um der Gotthardautobahn Platz zu machen. Die Verschiebung des Teufelssteins wird in der Erweiterung der Volkssage für die unerklärliche Häufung von Verkehrsunfällen auf Kilometer 17 des Gotthard-Straßentunnels verantwortlich gemacht. Der Tunnel wurde nach einer zehnjährigen

Bauzeit 1980 eröffnet und ist 16,9 Kilometer lang. Alljährlich staut s ch der Verkehr zu Ferienbeginn zuerst in die e ne, ein paar Wochen später in die andere Richtung. Stau gab es von jeher am Gotthard. Sei es obendrüber oder untendurch. Im 13. Jahrhundert zogen jährlich an die 12000 Menschen über die mit Granitplatten gepflasterten Saumwege. Die waren drei Meter breit, an manchen Stellen allerdings auch schmaler, Kolonnen und Stillstand waren die Folge. 1882 wurde der Eisenbahntunnel eröffnet und 1902 fuhr der Dichter Otto Julius Bierbaum als Erster mit dem Auto über den Pass. Von Bellinzona bis nach Brunnen brauchte er neun Stunden. Das kann Ihnen heute zur Hauptreisezeit auch passieren, sogar durch den Tunnel. Da hilft dann nur noch eines: Autoradio aufdrehen und ganz laut Gotthard hören.

Für viele Autofahrer ist die fast 17 Kilometer lange Fahrt durch den Gotthard-Straßentunnel eine psychische Herausforderung.

Heidi

»Heidi« ist weder →Helvetias Tochter noch → Tell der Vater, kein »Germanys next Topmodel«, kein Katalog für die Bibliotheken der Universität Heidelberg. Das Schweizer Heidi ist ein Waisenkind, von natürlicher Schönheit, war nie an der Uni und lernte erst in Deutschland lesen und schreiben. Die Autorin Johanna Spyri, geboren 1827 als Johanna Louise Heusser in Hirzel im Kanton Zürich, schrieb 1880 und 1881 die beiden bekanntesten Kinderbücher der Welt, »Heidis Lehr- und Wanderjahre« und »Heidi kann brauchen, was es gelernt hat«. Sie schuf damit ein noch heute weit verbreitetes romantisches und idealtypisches Bild der Schweiz und deren Bewohner, die alle in gesunder Alpenluft und Unschuld leben. Spyri warf aber auch einen kritischen, nichts beschönigenden Blick auf die Lebensbedingungen der Menschen während der frühen Industrialisierung. Besonders das Schicksal der Kinder und jungen Frauen lag ihr am Herzen. 1852 heiratete sie den 1821 geborenen Zürcher Rechtsanwalt, Journalisten und späteren Stadtschreiber von Zürich, Johann Bernhard Spyri. Es war keine sehr glückliche Ehe. Bernhard Spyri war ein Workaholic und Wagner-Fan, der für seine junge Frau wenig Interesse aufbrachte: »Jetzt isst man gar nichts mehr bei uns, heut am Mittagstisch las mein Mann so stramm seine Zeitung, daß er das Essen vollständig vergaß, und ich hatte von Anfang an schon genug.« Johanna Spyri liebte die Hausarbeit nicht und während der Schwangerschaft geriet sie in eine tiefe Depression, die jahrelang anhielt. Ihr Sohn Bernhard verstarb 1884 28-jährig an Schwindsucht, ihr Mann noch im gleichen Jahr. Spyri starb 1901, ihre Geschichte aber überdauert sämtliche Genera-

Johanna Spyri, die Mutter des literarischen Waisenkindes Heidi

tionen. Sie setzt ein, als Heidi von ihrer Tante Dete, die in Frankfurt eine Stelle als Dienstmädchen gefunden hat, zum Großvater auf die Alp gebracht wird. Der Alp-Öhi hat anfänglich erscheint jedoch die Tante und nimmt Heidi mit nach Frankfurt, wo es der gelähmten Klara Sesemann Gesellschaft leisten soll. Klara akzeptiert Heidi als ihre Freundin. Nur die Haus-

Elsbeth Sigmund in der Titelrolle der Heidi-Verfilmung von 1952

wenig Freude am fünfjährigen Mädchen, gewöhnt sich aber allmählich an das Geschöpf und macht ihm das Leben angenehm. Heidi lernt den Geissenpeter kennen, einen Ziegenhirten in ihrem Alter, mit dem es regelmäßig die Ziegen aus dem Dorf hütet. Eines Tages hälterin Fräulein Rottenmeier ist nicht begeistert. Vor allem ist sie entsetzt, als sie erfährt, dass Heidi nicht lesen kann. Klaras Großmutter schafft es, Heidi davon zu überzeugen, lesen und schreiben zu lernen. Heidi leidet jedoch zusehends an Heimweh und beginnt darob sogar schlafzuwandeln. Herr Sesemann und sein Arzt beschließen, Heidi zurück in die Berge zu schicken.

Der Alpöhi ist so froh über ihre Rückkehr, dass er sein Haus im Tal instand setzt, damit Heidi den Winter dort verbringen und die Schule besuchen kann. Heidi kann nun ganz gemäß dem Titel »brauchen, was es gelernt hat« und seine Lesekenntnisse anwenden, indem es der blinden Großmutter von Peter Geschichten vorliest. Es überzeugt den Geißenpeter schließlich, auch lesen zu lernen. Im folgenden Jahr kommt Klara Sesemann zu Besuch. Peter, der eifersüchtig ist, weil Klara nun Heidis Aufmerksamkeit beansprucht, lässt eines Tages Klaras Rollstuhl in die Tiefe rollen. Heidi will Klara mit auf die Alp nehmen, der Alpöhi trägt sie hinauf. Auf der Alp lernt Klara wieder das Gehen. Vater und Großmutter Sesemann trauen ihren Augen nicht, als ihnen Klara auf eigenen Beinen entgegenkommt. Ende gut, alles gut.

Heidi mit dem Geissenpeter

In nur wenigen Jahren nach der Erstpublikation wurden die Heidibücher zu einem Welterfolg. In über 50 Sprachen übersetzt rangieren sie gleich nach der Bibel und dem Koran. Ebenso wurde die Geschichte mehrfach verfilmt. Der Originalschauplatz der Erzählung soll sich in Maienfeld befinden. 1974 erschien in Japan unter dem Originaltitel »Arupusu no shÿjo Haiji = Alpenmädchen Heidi« die 52-teilige Zeichentrickfilmserie. Die Berühmtheit von Heidi in Japan lässt sich mit dem beliebten japanischen Motiv der Spannung zwischen Natur und Zivilisation erklären. Deswegen braucht man aber nicht nach Japan zu gehen: Wer mit dem Auto nach Maienfeld fährt, trinkt seinen Kaffee in der Autobahnraststätte »Heidiland«. Auf der gleichen Strecke liegt übrigens Walenstadt am Walensee am Fuße der Churfirsten. Vor dieser imposanten Kulisse wurde »Heidi – das Musical« 2005 uraufgeführt. Im Sommer 2008 ging Teil zwei des Musicals in die zweite Spielzeit. Never ending story.

Heidis Welt war nicht so heil, wie die Bergwelt scheint.

Helvetia

Entgegen weitläufiger Meinungen ist Helvetia nicht etwa die Gemahlin von →Wilhelm Tell und Mutter von dessen Sohn Walter. Helvetia ist die vom Volksstamm der Helvetier abgeleitete neulateinische Bezeichnung für die →Schweiz. Es ist eine allegorische Frauenfigur, die die Schweiz repräsentiert. Wer sich ein Bild von ihr machen will: Helvetia ist zu sehen auf den Münzen zu ein und zwei →Schweizer Franken. Wilhelm Tell dagegen prangt auf dem so genannten Fünfliber, der Münze zu fünf Franken. (Ob er so viel mehr wert ist, bleibe dahingestellt.) Auf den Münzen zu fünf, zehn und 20 Rappen ist übrigens Libertas, die Göttin der Freiheit, abgebildet. Zusammen kommen die zwei Frauen so immerhin auf drei Franken 85 Rappen. Das reicht in der Schweiz noch knapp für einen Kaffee, ohne →Gipfeli. Helvetia tauchte erstmals im 17. Jahrhundert als Frauengestalt auf.

Helvetia mit Speer und Schild, eisern den Schweizer Franken verteidigend

Mit dem wachsenden Nationalbewusstsein im 19. Jahrhundert und der Gründung des schweizerischen Bundesstaates 1848 gewann sie an Bedeutung. Sie erschien in politischen und patriotischen Darstellungen und bekam eine Hauptrolle in der Schweizer →Nationalhymne: »Heil dir Helvetia, hast noch der Söhne Ja« (→Frauenstimmrecht). Leider hatte Großbritannien die gleiche Melodie und die britische Königin setzte sich gegen die demokratisch gesinnte Helvetia durch. Seit 1961 singt man in der Schweiz deshalb ein neues Lied, in dem Helvetia nicht mehr vorkommt. Tell allerdings auch nicht.

Helvetia wird meist mit Schild, Speer und Lorbeerkranz gezeigt, was Tugenden wie Wachsamkeit, Unerschrockenheit, Freiheits- und Friedensliebe symbolisieren soll. In patriotischen Darstellungen wird sie zudem oft mit Früchten und

Käse abgebildet (→Emmentaler, Käsefondue, Raclette). Auf Briefmarken, und wie bereits erwähnt auf Münzen, wird bis heute »Helvetia« als Landesbezeichnung verwendet, weil damit keine der →vier Landessprachen (Deutsch, Französisch, Italienisch, Rätoromanisch) bevorzugt wird. Aus demselben Grund wurde das lateinische Landeskennzeichen CH gewählt. Das steht nicht etwa für →Chuchichäschtli, sondern für Confoederatio Helvetica, Schweizerische Eidgenossenschaft. Damit dürfte Helvetia in Sachen Symbolhaftigkeit für die Schweiz den Sieg nach Punkten über Wilhelm Tell erreicht haben. Daneben verdient sich Helvetia ein Zubrot als Name für eine Versicherung und als Patin für die berühmte Helvetica-Schrift. Und weil es ihr in der Schweiz irgendwann zu eng wurde, eröffnete sie Zweigstellen im Ausland: Orte mit ihrem Namen gibt es in Arizona, Oregon, West Virginia, Neuseeland, Indonesien und sogar in Uruguay. Tell hingegen kam unseres Wissens nie groß über den Rand der Schweiz hinaus.

Symbol sein macht müde: Helvetia am Rheinufer in Basel.

Helvetismus

Helvetismen sind all jene Ausdrücke, die die Schweizer eins zu eins vom →Schwyzerdütsch ins Hochdeutsche übertragen und dann glauben, in Deutschland damit verstanden zu werden. Das tönt beziehungsweise klingt dann ungefähr so: »Urs erwachte in der Attikawohnung, stand auf, zog die Finken an, wusch sich das Gesicht über dem Lavabo und genoss dann das Morgenessen mit Gipfeli und Müsli. Nachher ging er in die Stube, zündete die Ständerlampe an, nahm ein Buch aus der Wohnwand und las. Gegen Mittag kochte er sich einen währschaften Kartoffelstock mit Nüsslisalat. Zum Dessert gönnte er sich ein Glace. Dann nahm er das Velo und fuhr in die Stadt, um im Brockenhaus ein Sackmesser zu kaufen. Bei der Einfahrt in den Kreisel missachtete er den Vortritt. Wie der Esel am Berg stand er mitten auf der Straße. Ein Camion musste ausweichen, erwischte den Rank nicht mehr und rammte ein Lichtsignal. Aus Wut trat der Camionlenker dermaßen gegen das Velo von Urs, dass der Vorderpneu kaputtging. Offensichtlich hatten die beiden das Heu nicht auf der gleichen Bühne. Der Lenker sagte aber, er wolle kein Büro aufmachen deswegen, und fuhr weiter. »Blas mir doch in die Schuhe!«, rief ihm Urs noch nach.

Finken

Zum Glück konnte er sich gegen Abend wieder auffangen, ging mit ein paar Kollegen in den Ausgang und lernte prompt eine aufgestellte Coiffeuse kennen. Am nächsten Morgen erwachte er neben ihr in der Attikawohnung, zum Morgenessen gab's diesmal statt Gipfeli ein Cüpli.«

Hier einige Übersetzungshilfen: Urs ist kein in der Schweiz ausgesetzter Braunbär, sondern ein gebräuchlicher Vorname, eine Attikawohnung ist kein Tessiner Zweitwohnsitz und Finken an den Füßen fiegen nicht. Eine Ständerlampe ist nichts Unanständiges und wer eine anzündet, riskiert keinen Wohnungsbrand. Mit einem Kartoffelstock kann man niemanden schlagen und ein Nüsslisalat wächst auf keinem Bühne wenig mit ländlichem Volkstheater zu tun und wer ein Büro aufmacht, macht sich deswegen nicht gleich selbstständig. Jemandem in die Schuhe blasen ist ebenfalls nichts Unanständiges, in den Ausgang gehen ist kein

Nüsslisalat

Nussbaum. Ein Brockenhaus ist selten baufällig, Vortritt ist nicht das Gegenteil von Rücktritt und ein Lichtsignal ist kein außerirdisches Phänomen. Ferner hat das Heu auf der gleichen Euphemismus für Sterbehilfe und ein Cüpli ist nicht die Schweizer Version des DFB-Pokals. Für alles andere gehen Sie am besten in die Schweiz und fragen eine aufgestellte Coiffeuse.

Hofmann, Albert (1906–2008)

»Je tiefer man in die lebendige Natur hineinsieht, desto wunderbarer erkennt man sie. Ich glaube, man fühlt sich dann auch geborgen. Man gehört ja zu ihr, man kann sie sehen, man kann sie er-leben. Das Bewusstsein ist schon das größte Geschenk des Schöpfers an die Menschen.«

Um das Bewusstsein zu verändern, muss man zuerst eins haben.

Albert Hofmann hatte ein tiefes Bewusstsein für sich selbst, seine Mitmenschen und die Natur. Und dies bevor er, wie er selber sagt, durch unsauberes Arbeiten 1938 auf Lysergsäurediethylamid stiess, wohl besser bekannt als LSD. Er wollte eigentlich ein Kreislauf stimulierendes Mittel aus dem Getreidepilz Mutterkorn herstellen. Es hatte nicht den erwünschten Effekt, er verlor sein Interesse daran. Erst im April 1943 erlebte er seinen ersten Trip, nachdem er die Substanz versehentlich über die Haut aufgenommen hatte. Wenige Tage später unternahm er einen bewussten Selbstversuch, allerdings mit der etwa fünffachen Dosis, die für einen angenehmen Trip reichen würde. Er beschreibt ihn wie folgt: »16:20 Einnahme der Substanz17:00 Beginnender Schwindel, Angstgefühl, Sehstörungen, Lähmungen, Lachreiz. Mit Velo nach Hause. Von 18 bis ca. 20 Uhr schwerste Krise. Schon auf dem Heimweg mit dem Fahrrad nahm mein Zustand bedrohliche Formen an. Alles in meinem Gesichtsfeld schwankte und war verzerrt wie in einem gekrümmten Spiegel. Auch hatte ich das Gefühl, mit dem Fahrrad nicht vom Fleck zu kommen.« Dieses Erlebnis ging als »Fahrradtag« (Bicycle-Day) in die LSD-Geschichte ein.

Geboren 1906 als ältestes von vier Kindern in Baden, Kanton Aargau, musste Hofmann nach dem Tod seines Vaters schon früh für die Familie aufkommen. Sein Patenonkel finanzierte ihm das Chemiestudium an der Universität Zürich. Von 1929 bis 1971 arbeitete er bei einem Basler Chemiekonzern. Für die Entdeckung von LSD gefeiert und geliebt, warnte er immer wieder vor der Droge und wollte sie nur zu Forschungszwecken legalisieren. Anlässlich seines 100. Geburtstags fand 2006 in Basel das Symposium »LSD – Sorgenkind und Wunderdroge« statt, mit einer denkwürdigen Rede des Meisters. Ende 2007 erhielt ein Psychotherapeut aus Solothurn

die Erlaubnis, LSD zu therapeutischen Zwecken zu benutzen, für Hofmann die Erfüllung seines Traums. Er starb am 29. April 2008 in der Nähe von Basel im Alter von 102 Jahren.
Zwei Wochen vor seinem Tod hatte er einen Termin bei einem Ohrenarzt. Er beklagte sich, die Vögel nicht mehr so gut hören zu können. Mit LSD allerdings kann man Vogelgezwitscher nicht nur hören, sondern auch sehen, und erst noch farbig. Den Ausklang seines »Fahrrad-Trips« beschrieb Hofmann so: »Kaleidoskopartig sich verändernd drangen bunte phantastische Gebilde auf mich ein, in Kreisen und Spiralen sich öffnend und wieder schliessend, in Farbfontänen zersprühend, sich neu ordnend und kreuzend, in ständigem Fluss. Besonders merkwürdig war, wie alle akustischen Wahrnehmungen sich in optische Empfindungen verwandelten. Jeder Laut erzeugte ein in Form und Farbe entsprechendes, lebendig wechselndes Bild.«

Neugierig und wach bis ins biblische Alter: LSD-Entdecker Albert Hofmann

Jung, Carl Gustav (1875–1961)

1875 kam Carl Gustav Jung im ostschweizerischen Dorf Kesswil als Sohn des Pfarrers zur Welt. Vielleicht legte dieser ihm die Faszination für Übersinnliches, Unbewusstes und sonst wie Verdrängtes in die Wiege. Im Alter von drei oder vier Jahren erlebt er seinen ersten Traum, seine »Uroffenbarung«, die er aber erst als 83-Jähriger erzählen wird: »Der Phallus dieses Traumes scheint auf alle Fälle ein unterirdischer und nicht zu erwähnender Gott zu sein. Als solcher ist er mir durch meine ganze Jugend geblieben und hat jeweils angeklungen, wenn vom Herrn Jesus Christus etwas zu emphatisch die Rede war.« Damals, so stellt er fest, habe sein geistiges Leben seinen unbewussten Anfang genommen.

»Niemand ist vollkommen. Niemand kann es sein. Es ist eine Illusion.«

Mit einer Arbeit über die »Psychologie und Pathologie der so genannten okkulten Phänomene« machte Jung 1902 im wahrsten Sinn des Wortes den Doktor. Ab 1904 richtete er in der Psychiatrischen Universitätsklinik Burghölzli in Zürich ein psychologisches Laboratorium ein. Es wurde bald zum Mittelpunkt einer international einflussreichen Begegnung von Psychiatrie und Psychoanalyse und Jung zum Gründungspräsidenten der Internationalen Psychoanalytischen Vereinigung. Sigmund Freud und Jung gerieten sich dann aber in der Frage der Libido in die Haare. Wahrscheinlich spürte Freud unterbewusst, dass ihm Jung die Vorherrschaft über das Unterbewusstsein streitig machen könnte. Denn mit seinen Ansichten zur »Individuation«, also zur Ich-Findung, und seinen Traumdeutungen spricht Jung bis heute die Menschen an. Begriffe wie »extravertierte« und »introvertierte« Persönlichkeiten und das Anerkennen der weiblichen Elemente im Mann (Anima) und der männlichen in der Frau (Animus) haben quasi den Weg ins kollektive Unterbewusste gefunden. Und wer dann am Ende des Prozesses zur Einheit gelangt zwischen dem Urmännlichen des »Alten Weisen« und dem Urweiblichen der »Großen Mutter«, der kann sich getrost auch Doktor schreiben. In Jungs Worten: »Niemand ist vollkommen.

Ob er wohl gerade die Anima entdeckt? Carl Gustav Jung pfeifenschmauchend über seine Studien gebeugt

Niemand kann es sein. Es ist eine Illusion. Das einzige, was wir tun können, ist, bescheiden danach zu streben, uns selbst zu erfüllen und möglichst vollständige wusst zu bleiben und es in allen seinen zweifelhaften Aspekten sich stets vor Augen halten – wahrlich eine Aufgabe, die ans Mark geht!«

menschliche Wesen zu werden, und das ist schon anstrengend genug. Es handelt sich um das Jasagen zu sich selber – sich selbst als ernsthafteste Aufgabe sich vorsetzen und sich dessen, was man tut, stets be-

Jung starb am 6. Juni 1961 in seinem schlossähnlichen Haus in Küssnacht am Zürichsee. Kurz darauf kam ein Gewitter auf, ein Blitz schlug in eine Pappel im Garten. Das zu deuten blieb Jung leider verwehrt.

Käsefondue

Genießen Sie mit uns das Fondue von A bis Z: **A**ppenzeller Fondue, ausschließlich aus Appenzeller Käse zubereitet. »**B**ringt den Kessel mit dem geschmolzenen Käse!«, ruft Feistus Raclettus in »Asterix bei den Schweizern« und hat dafür prompt den falschen Namen. **C**aquelon, der spezielle Topf aus Gusseisen oder Keramik, in dem das Fondue serviert wird. **D**essert (Nachspeise): allenfalls Ananas, hilft beim Verdauen. **E**nergiewert: 100 g Gruyère-Käse hat 395 kcal. Pro Person wird mit 200 bis 250 g Käse gerechnet. »**F**IGUGEGL«: »**F**ondue **I**sch **G**uet **U**nd **G**it **E** **G**ueti **L**uune« (Fondue ist gut und macht gute Laune), so der Slogan, der das Fondue in den 50er-Jahren populär machte. **G**eselligkeit: Ohne sie ist das Fondue einfach Käse. **H**itze: Fondue muss köcheln, nicht brodeln, sonst scheidet die Käsemasse. »**I**ch will nicht vorlaut sein, aber ich weiß nicht, ob's schon drei Stunden her ist, seit wir zu Ende gegessen haben.« Ein Legionär versucht sich vor dem Bad im Genfersee zu retten, siehe Spielregeln. **J**odeln: vor oder nach dem Fondue, aber nicht mit vollem Mund. **K**irsch: Das Brot kann, bevor es im Käse landet, in Schnaps getunkt werden. Verdauungsfördernd. **L**ustig: wird es sicher, FIGUGEGL! »**M**oitié-moitié« (französisch »halb-halb«), die üblichste Käsemischung, je zur Hälfte Vacherin und Greyerzer. **N**ur das Brot und nicht das Gegenüber mit der langen Fonduegabel aufspießen. **O**belix trank zuerst den Fonduekessel und dann das Schnapsfass leer. Darauf war er so betrunken, dass ihm der Anblick seiner heiß ersehnten Berge in Helvetien verwehrt blieb. Er bezeichnete das Land rückblickend als flach. **P**feffer: wichtige Zutat. Pilze gehen auch. **Q**uästor Claudius Incorruptus leidet an einer Vergiftung. Miraculix benötigt zur Heilung ein

Wer das Brot von der Gabel fallen lässt, hat mit Konsequenzen zu rechnen.

Schweizer Edelweiß. So kamen Asterix und Obelix nach Helvetien. **R**ichtiges Rühren: gegen oder mit dem Uhrzeigersinn, achtförmig, Hauptsache langsam. **S**pielregeln: Wer sein Brot käsegeruchresistente Freunde. **Ü**belkeit: nicht noch mehr Schnaps trinken, Schwarztee hilft besser. **V**erlierer: siehe Spielregeln. **W**eißbrot: leicht vorgetrocknet eignet es sich am besten.

im Fondue verliert, wird bestraft. Der Römer Gaius Infarctus verliert sein Brot gleich mehrere Male. Erste Strafe: fünf Stockhiebe, zweite Strafe: 20 Peitschenhiebe, dritte Strafe: mit Gewicht an den Füßen in den Genfersee. **T**eilnehmer: Ein **X** für ein U vormachen lassen sich die Schweizer in Sachen Fondue nicht so schnell. **Y**oga: Nicht nach dem Fondue betreiben. **Z**um Schluss die Fenster öffnen und die leckere Kruste aus dem Caquelon kratzen.

Alles Käse? Beim Fondue ist's wie beim Birchermüsli: Die Mischung machts.

Kuhglocke

Eine Kuhglocke ist nicht einfach eine Kuhglocke, sondern entweder eine Glocke oder eine »Trychle« (Treichel). Erstere wird mittels einer Form gegossen. Das Gussmaterial heißt »Glockenspeise« und besteht meist aus 80 % Kupfer und 20 % Zinn. Letztere besteht aus gehämmertem Blech. Im Unterschied zur Glocke ist die Trychle durch diese Bauweise wesentlich leichter und darum auch einfacher über längere Strecken zu tragen. Der Trychelklang ist scheppernder als Glockenklang, doch der Kuh, die sie um den Hals trägt, dürfte das eher einerlei sein. Hauptsache, das Ding ist leicht, nicht zu laut für die feinen Kuhohren und der »Schellriemen« nicht zu eng. Zwischen dem Hals der Kuh und dem Lederriemen sollte eine Männerfaust Platz haben. Mehr allerdings auch nicht, denn sonst kann sich die weidende Kuh irgendwo verfangen und sich allenfalls verletzen. Die umgehängte Glocke dient im Wesentlichen dazu, den Hirten die Arbeit auf der Alp zu erleichtern. Verirrt sich ein Tier, ist es dank des akustischen Signals leichter zu finden. Und was gibt es Schöneres, als nach einem harten Arbeitstag auf der Alp ins Bett zu sinken und die Kuhherde von fern bimmeln zu hören?

Kuhglocken sind auch als Preise und Trophäen beliebt und zieren das Bauernhaus.

Nicht nur Rindviechern werden Glocken umgehängt, auch Menschen tragen sie. Im Engadin, dem rätoromanischen Teil des Kantons Graubünden, findet alljährlich am 1. März der »Chalandamarz« statt. Er stammt noch aus der Zeit, als die Römer das damalige Rätien besetzt hielten. Er markierte den Anfang des Jahres. Der Brauch soll die bösen Wintergeister vertreiben. Die Knaben der Dörfer ziehen eine blaue Bauernkutte und eine rote Zipfelmütze an, hängen sich eine Kuhglocke um den Hals und ziehen lärmend durch die Ortschaft, die Kühe repräsentierend, die bald wieder auf die Weide dürfen. Deshalb werden die Knaben auch »vachas« (rätoromanisch für Kühe) genannt. An größeren Plätzen singen die Jungen traditionelle Lieder, dazu wird kräftig mit den Kuhglocken geläutet und immer wieder werden Peitschen (Geißeln) geschwungen.

Kuhglockengebimmel: Musik in den Ohren des Alphirten

Das Kinderbuch vom »Schellenursli«, erschienen 1945, thematisiert den Chalandamarz. In der Geschichte macht sich Ursli mitten im Winter auf, um auf dem Maiensäss (Voralp) die größte und schönste Glocke zu holen, damit er am Festtag nicht ausgelacht wird. Obwohl der Schellenursli nicht so berühmt geworden ist wie →Heidi, darf er zu den großen Schweizer Kinderbüchern gezählt werden. Und falls Sie an der →Zürcher Bahnhofstrasse plötzlich eine Kuhglocke läuten hören, ist es kein entlaufenes Rindvieh, sondern ein Fußballfan auf dem Weg ins Stadion. Eine gewisse Ähnlichkeit zum Rindvieh kann ihm allerdings nicht abgesprochen werden. Wobei dieses zweifelsohne über mehr Sozialkompetenz verfügt.

Le Corbusier (1887–1965)

Le Corbusier hieß eigentlich gar nicht Le Corbusier, sondern Charles-Edouard Jeanneret-Gris. Mit seinem ausgeprägten Sinn für Ästhetik war ihm dieser Name aber offenbar viel zu sperrig und so nannte er sich später nach dem Namen seines Großvaters »Le Corbusier«. Zur Welt kam er 1887 in La Chaux-de-Fonds im Kanton Neuenburg, machte dort eine Lehre als Graveur und Ziseleur an der Kunstgewerbeschule und baute mit 18 Jahren schon das erste Haus. Es folgten Studienreisen nach Italien, ins Wien der »Sezession«, zur Akropolis nach Athen, nach Berlin und Paris. Dahin verlegte er 1917 endgültig seinen Wohn- und Arbeitsort. Gleichzeitig verlegte er sich aufs Malen und entwickelte einen eigenen, puristischen Stil: Bilder und Bauwerke als Komposition aus reinen geometrischen Formen, ohne jede dekorativen Elemente. Zu einem Stil gehört ein Manifest. Le Corbusier verfasste es zusammen mit dem Künstlerkollegen Amédée Ozenfant, sie nannten es »Après le Cubisme«. Der puristische Stil wurde zu Le Corbusiers Markenzeichen, das sichtbarste Elaborat setzte er sich gleich auf die eigene Nase: Seine schnörkellose, kreisrunde, schwarze Hornbrille. Nachdem er und sein Vetter Pierre Jeanneret in Paris ein Architekturbüro gegründet hatten, zeigten sie dort anlässlich der Internationalen Kunstgewerbeausstellung 1925 mit dem Pavillon »L'Esprit Nouveau« diesen wahrhaft neuen Geist von funktionalem Bau und puristischem Design. Die Anerkennung ließ auf sich warten: 1927 wurde ihnen der Bau des Völkerbundpalastes in Genf verwehrt, obwohl die Jury für ihr Projekt war. Dafür durften sie in Moskau das Gebäude des Zentralverbands der Konsumgenossenschaften bauen und in Stuttgart die Mustersiedlung »Weißenhof«, nach ihrem 5-Punkte-Plan für die neue Architektur.

Damit auch die Schweiz etwas von Le Corbusier hat, setzte sie ihm ein Denkmal, indem sie sein Porträt auf den Geldschein zu zehn Franken drucken ließ.

1929 fuhr Le Corbusier nach Südamerika, um Vorträge über Architektur zu halten, traf dort Josephine Baker und folgte ihr aufs Schiff zurück. Auf diesem Schiff soll sie für ihn in der Kabine getanzt und er von ihr ein Aktbild gezeichnet haben. Vielleicht kam ihm dabei die Idee seiner berühmten »Chaise longue«. 1930 wurde er französischer Staatsbürger und heiratete das Mannequin Yvonne Gallis. Zu hoffen ist, dass er das nicht aus rein ästhetischen Gründen tat. Auf jeden Fall entwarf er in der Folge seine »Modulor« genannte Proportionslehre, die für seine späteren architektonischen Entwürfe grundlegend werden sollte. In den 50er-Jahren konnte er in der indischen Stadt Chandigarh endlich auch seine städtebaulichen Visionen umsetzen, in Marseille wurde die erste »Unité d'Habitation« eingeweiht, in Ronchamp die berühmte Wallfahrtskirche. Damit auch die Schweiz etwas von Le Corbusier hat, setzte sie ihm ein Denkmal, indem sie sein Porträt auf den Geldschein zu zehn →Schweizer Franken drucken ließ. Man sieht ihn darauf kahlköpfig, die Hornbrille in die Stirn geschoben, als wolle er gleich einen Kommentar abgeben über das furchtbare Mobiliar der Schweizer Großbanken.

Le-Corbusier-Haus im Züricher Seefeld

Luzern

»Lozärn« heißt die Stadt im gebräuchlichen Luzerner Dialekt und ist der Hauptort des gleichnamigen Kantons. Auf 436 Metern . ü. M. gelegen, ist sie das gesellschaftliche, wirtschaftliche und kulturelle Zentrum der Zentralschweiz. Rund 58 000 Menschen (2006) bewohnen sie, und wenn gerade Hochsaison ist, dürfte sie tagsüber zusätzlich von einigen tausend Japanern bevölkert sein. →Tell hat nie da gewohnt, obwohl er aus der Gegend stammte. Die Stadt liegt am nordwestlichen Ende des →Vierwaldstättersees an der Mündung der Reuss. Die Lage zwischen See und Bergen (→Pilatus, Rigi) ist besonders malerisch und begünstigte die Entwicklung Luzerns als Fremdenstadt und frühe Hochburg des Tourismus ab 1840. Die erste Siedlung ging aus einem um die Mitte des 8. Jahrhunderts gegründeten Kloster »Luceria« hervor. Nach der Eröffnung der Route über den →Gotthard im 13. Jahrhundert, die Süddeutschland mit Mailand verband, entwickelte sich der Ort rasch zu einem bedeutenden Handelsplatz und gelangte so zu Reichtum.

Luzern, das Touristenzentrum im Herzen der Schweiz

1291 wurde Luzern an die Habsburger verkauft. 1386 kam es zur Schlacht bei Sempach, bei der sich die Eidgenossen tapfer gegen die Habsburger wehrten und ihre Unabhängigkeit zurückgewannen. Eine wichtige Rolle spielte dabei Arnold Winkelried. Er soll ein Bündel Lanzen der Habsburgischen Ritter gepackt und sich selbst aufspießend den Eidgenossen eine Bresche geöffnet haben. Der Legende nach sagte er vorher noch die Worte »Sorget für mein Weib und Kind«. Um eine weitere Legende handelt es sich bei der für Luzern verwendeten Bezeichnung »Leuchtenstadt«, wonach ein Engel den ersten Luzernen die Stelle zum Bau einer Kapelle gewiesen haben soll. Vielleicht war es auch nur der erste Tourist mit einem Kamerablitz.

Besonders »geleuchtet« hat die Stadt am 18. August 1993, als das Wahrzeichen, die Kapellbrücke, gebrannt hat. Der vermutlich durch eine weggeworfene Zigarette ausgelöste Brand hat die Brücke schwer beschädigt. Dank Plänen, die bei der letzten Sanierung angefertigt wurden, konnte sie fast originalgetreu wieder aufgebaut werden. Sie ist mit 204,70 Metern die zweitlängste überdachte Holzbrücke Europas und entstand um 1300. Rund 700 Jahre später baute Stararchitekt Jean Nouvel in Luzern das Kultur- und Kongresszentrum KKL, dessen riesiges Dach 40 Meter über den Vierwaldstättersee hinausreicht, ein statisches Wunderwerk. Ein wichtiger Brauch ist die Luzerner Fastnacht. Sie ist einfach »rüüdig«, was so viel heißt wie großartig. Anfang Januar wird von Radio →Pilatus der »Rüüdige Lozärner« gewählt. Es werden Personen geehrt, die im vergangenen Jahr durch besondere Leistungen aufgefallen sind. Sei dies ein Polizist, eine Wirtin, ein Marroni-Verkäufer, ein Jugendarbeiter oder ein Zirkuspfarrer. Ein Japaner war bis dahin nicht dabei, obwohl es angeblich Aiko Akemi im Sommer 1999 gelungen war, einen Tag in Luzern zu verbringen, ohne ein einziges Foto zu machen.

Viele Luzerner hatten Tränen in den Augen, als die Kapellbrücke 993 lichterloh in Flammen stand.

Matterhorn

Kein Schweizer erklomm als erster den Gipfel, es war der Engländer Edward Whymper.

Das Matterhorn gilt als der berühmteste Berg der Schweiz, obwohl er mit seinen 4478 Metern nur der siebthöchste der Alpen ist. Dass er so berühmt ist, liegt wohl an seiner Form und seiner Lage: alleinstehend, auf einem 2000 Meter hohen Plateau, ragt es in formvollendeter Schönheit in den Himmel. Darum ist es auch das meistfotografierte Touristensujet der Schweiz. Dass die markante dreieckige Form die Inspiration für die fast ebenso berühmte →Toblerone war, ist allerdings umstritten und gilt eher als ein raffinierter Marketingtrick. Tatsache ist aber, dass es in Amerika acht weitere Matterhörner gibt, sieben sind echte Berge, eines ist eine Nachbildung des Schweizer Matterhorns im Disney-Land, im Maßstab 1:100.

Der erste Mensch auf dem Matterhorn war der Engländer Edward Whymper. Er erreichte den Gipfel am 14. Juli 1865 über die Hörnligrat-Route. Ihm folgten am Seil die Engländer Charles Hudson, Lord Francis Douglas, D. Robert Hadow, der französische Bergführer Michel Croz und die beiden Zermatter Bergführer Peter Taugwalder Vater und Peter Taugwalder Sohn. Das Nachsehen hatte Jean-Antoine Carrel aus Breuil, der am gleichen Tag mit einer italienischen Seilschaft über den Südwestgrat aufstieg, aber schlicht zu spät dran war. Vielleicht war aber gerade das sein Glück. Beim Abstieg der Erstbesteiger stürzten nämlich die vorderen vier der Seilschaft (Croz, Hadow, Hudson und Douglas) noch oberhalb der so genannten Schulter über die Nordwand in den Tod. Drei der Leichen wurden einige Tage später auf dem Matterhorngletscher geborgen, Lord Francis Douglas blieb verschwunden. Das gerissene Originalseil kann heute im Matterhornmuseum in Zermatt besichtigt werden.

Rund 3000 Menschen versuchen jedes Jahr, das Matterhorn zu besteigen, in einer vier- bis fünfstündigen Klettertour von der Hörnlihütte aus. An schönen Tagen muss daher geradezu mit Bergsteigerstaus gerechnet werden. Siehe dazu die legendäre Nummer von →Emil. Ein Lied davon konnte auch der Bergführer Ulrich Inderbinen singen: Er bestieg den Berg 371 Mal, zum letzten Mal mit 90 Jahren. Eine Besteigung des Matterhorns mit einem Privatbergführer kostet Sie 998 Franken. Nicht eingerechnet ist dabei der empfohlene einwöchige Aufenthalt in →Zermatt zur Akklimatisierung. Dafür winkt nach erfolgreicher Rückkehr eine Erinnerungsmedaille. Sagen Sie aber, auf dem Matterhorn angelangt, auf keinen Fall zum Bergführer »Was für ein schönes →Gipfeli!« Er könnte sich weigern, Sie wieder hinunterzubegleiten.

Das Matterhorn im Winter mit der Schweizer und der Walliser Flagge im Vordergrund

Migros

Die Migros ist das größte Einzelhandelsunternehmen der Schweiz und das Besondere an der Migros ist, dass sie sozusagen ihren Kunden gehört. Das kam so: 1925 gründete Gottlieb Duttweiler die Migros in Form einer Genossenschaft. Er wollte damit erreichen, dass Lebensmittel günstiger verkauft werden können. Genossenschaften haben in der Schweiz, von den Bergbauern ausgehend, eine alte Tradition. Das ganze Land ist ja eine Eidgenossenschaft. Ob sie deswegen auch allen gehört, die darin wohnen, steht allerdings auf einem anderen Blatt. Die Migros jedenfalls hat fast zwei Millionen Genossenschafter. Migros kommt übrigens aus dem Französischen und setzt sich zusammen aus »mi« (halb) und »en gros« (im Großen), also alles zu beinahe Großhandelspreisen. Gottlieb Duttweiler, ein Visionär und sozial engagierter Mensch, revolutionierte mit der Migros den Detailhandel in der Schweiz. 1925 fuhren die ersten Migros-Verkaufswagen in die Dörfer und Stadtviertel, 1948 öffnete in Zürich der erste Migros-Selbstbedienungsladen. Die etablierten Händler fühlten sich angegriffen und erwirkten zeitweise sogar ein Verbot von Ladengründungen. Der Erfolg gab aber der Migros recht: Heute macht sie in fast 600 Filialen einen jährlichen Umsatz von 20 Milliarden Franken, beschäftigt 80 000 Personen und wird, wegen ihres Logos, auch »oranger Riese« genannt.

Wegen ihrer Farbe auch »oranger Riese« genannt: Eingang zu einer Migros-Filiale

Migros-Gründer Duttweiler dachte aber über den Konsum hinaus: 1 % des Umsatzes der Migros wird als »Kulturprozent« wieder ausgegeben. Damit werden kulturelle Projekte jeglicher Art unterstützt. In den Migros-Klubschulen kann man sich zu günstigen Preisen weiterbilden, von Arabisch bis Yoga. Kommt man dennoch nicht auf einen finanziell grünen Zweig, so gibt es seit 1996 die »M-Budget«-Linie mit besonders billigen Produkten. Sie hat in der Schweiz einen gewissen Kultstatus erreicht. Einfallsreiche Leute veranstalteten bereits M-Budget-Partys, was allerdings reichlich zynisch anmutet, in einem Land, wo immer mehr Leute zu kauft werden dürfen. Die Migros umgeht diese Auflage aber raffiniert, indem sie Ladenflächen an andere Ketten vermietet, die diese Waren anbieten. So bleibt sie konkurrenzfähig gegenüber Aldi, Lidl und Spar, die zunehmend die Eidgenossenschaft heimsuchen. Spar wiederum

Ob Gründer und Visionär Gottlieb Duttweiler zufrieden wäre mit der Migros von heute?

den »working poor« gezählt werden müssen. Notabene auch Verkäuferinnen der Migros, die in den letzten Jahren um die Erhöhung ihrer niedrigen Löhne kämpfen mussten.

Ob das in Gottlieb Duttweilers Sinn und Geist ist, sei dahingestellt. Etwas aber hat ihn bis heute überdauert: sein Grundsatz, dass in der Migros keine Alkohol- und Tabakwaren ver-

ist auch nicht auf den Kopf gefallen und hat die Budget-Linie von Migros kurzerhand kopiert, als »S-Budget«. Ach, und wenn Sie in der Türkei plötzlich vor einer Migros stehen, dann haben Sie nicht den falschen Flug erwischt. Die »Migros Türk« wurde 1954 als Tochter der Migros gegründet, hat mittlerweile den Besitzer gewechselt, durfte aber den Namen behalten.

Naegeli, Harald (1939)

»Ich bin Schweizer Staatsbürger, leider, und die Auseinandersetzung mit der Schweiz bedeutet eine Auseinandersetzung mit dem Kapitalismus in diesem Land. Das heißt, man muss sich darüber klar sein, dass die Schweiz sich schon an den beiden Weltkriegen bereicherte und heute in einem nicht vergleichbaren Ausmaß an der Dritten Welt schmarotzt. Alle diese Fluchtkapitalien, die in Schweizer Banken lagern, deuten auf diese Schuld hin, und selbstverständlich ist jeder Staatsbürger Nutznießer dieser Kapitalien in irgendeiner Form. Meine Zeichen in der Zeit von 1977–79 waren ein erster stummer Aufstand. Und ich glaube, dass der Aufschrei der Jugend in der Schweiz ebenfalls die Äußerung eines tiefsitzenden Unbehagens gegenüber dieser gesellschaftlichen und politischen Situation war. Und ebenso wie die Jugendrevolte zusammengeknüppelt wurde, sind alle meine Zeichen ausgelöscht worden.« Dies die Worte von Harald Naegeli in einem Interview 1984 in Köln. Geboren 1939 als Sohn einer Künstlerin und eines Psychiaters in Zürich, wurde er Ende der 70er-Jahre als »Sprayer von Zürich« weltweit bekannt. Nachts schlich er sich durch die Straßen und sprayte in Sekundenschnelle phantasievolle Strichfiguren auf kahle Betonwände. Lange wusste man nicht, wer dieser geheimnisvolle Sprayer war. Ein Versehen wurde ihm dann zum Verhängnis: Naegeli hatte seine Brille beim Sprayen verloren und ging auf der Suche nach ihr zum »Tatort« zurück. Er wurde festgenommen, das Zürcher Obergericht verdonnerte ihn 1981 zu neun Monaten Gefängnis und 206 000 Franken Geldstrafe.

Der Sprayer in Aktion. Kein Wunder, blieb er so lange unerkannt.

Der Sprayer aber verdünnisierte sich nach Deutschland. Doch auch da konnte er nicht tatenlos an all diesen seelentötenden kahlen

Mauern vorübergehen. In Köln blieb ein fulminant gesprühter »Totentanz« zurück, dann tanzte Interpol an und griff Naegeli 1983 auf, als er die Grenze nach Dänemark überqueren wollte. Obwohl sich so namhafte Leute wie Joseph Beuys und Willy Brandt für ihn einsetzten, wurde er an die Schweiz ausgeliefert und musste seine Strafe absitzen.

Nach seiner Entlassung zog Naegeli nach Düsseldorf. Er sprühte weiter – bis heute. Obwohl er 1984 auf die Frage, ob er je wieder in der Schweiz leben wolle, antwortete: »Nein, ich weigere mich sogar, die Sprache zu sprechen. Unter die Schweiz habe ich einen Schlussstrich gezogen«, lebt er heute wieder in Zürich. Eines seiner letzten erhaltenen Strichmännchen aus seiner Zürcher Zeit, den Wassergeist Undine an der Fassade des Deutschen Seminars, ließ der Kanton Zürich 2004 restaurieren und konservieren. So rehabilitierte Zürich Harald Naegeli, bezeichnete seine »Schmiererei« als Kunst und Naegeli als Künstler.

Der Schein trügt: Naegeli findet die Schweiz bis heute alles andere als lustig.

Nationalflagge

»Das Wappen der Eidgenossenschaft ist im roten Felde ein aufrechtes, frei stehendes weißes Kreuz, dessen unter sich gleiche Arme je einen Sechstel länger als breit sind«, heißt es im Bundesbeschluss über das Schweizer Wappen vom 12. Dezember 1889. Das rote Feld wiederum ist ein Quadrat, eine Besonderheit des Schweizer Wappens gegenüber dem Rest der Welt. Böse Zungen behaupten, die Flagge der Schweiz sei deshalb quadratisch, weil die Schweiz dem Rest der Welt so lang wie breit sei. Die früheste dokumentierte Verwendung des Kreuzes geht zurück auf 1339, wahrscheinlich in Anlehnung an das Wappen des Kantons Schwyz, eines der Gründungsmitglieder der Eidgenossenschaft, das allerdings ein wesentlich dünneres Kreuz hat.

Das erste gesamtschweizerische Wappen führte Napoleon ein, während der Zeit der »Helvetischen Republik« von 1798 bis 1803. Es war eine grün-rot-gelbe Trikolore, die ein wenig dem heutigen Wappen von Kamerun glich. Da die Schweiz aber wenig kolonialistischen Eifer zeigte, besann sie sich lieber auf die eigenen Symbole und kam aufs Kreuz, so weiß wie die viel beschworene Schweizer Unschuld (→Neutralität). Das Rot, auf dem das Kreuz liegt, ist übrigens nicht irgendein Rot, sondern entspricht der Pantone-Zahl 485 und wird seit 2007 laut Beschluss über das Corporate Design der Bundesverwaltung als »Schweizer Rot« bezeichnet. Es kann auch verglichen werden mit dem Rot, das den Schweizern ins Gesicht steigt, wenn man sie fragt, warum die Schweiz im Zweiten Weltkrieg so viele Flüchtlinge zurückgewiesen hat. Gott sei Dank gibt es da noch das →Rote Kreuz. Es handelt sich dabei tatsächlich um die Umkehrung des Schweizer Wappens, zu Ehren von Rotkreuz-Gründer Henry Dunant und seines Heimatlandes, das mit dem weißen Kreuz. Früher als chauvinistisch verpönt, hat das Zurschaustellen des Schweizer Kreuzes seit den 90er-Jahren an Beliebtheit massiv zugelegt. »Swissness« nennt sich diese Art Bewegung, die sich in Design und Kleidern niederschlägt. T-Shirts mit dem Schweizer Kreuz tragen jetzt nicht mehr nur die Rechtsradikalen während des Nationalfeiertages, sondern auch die Fuß-

ballfans und die japanischen Touristen. Die Schweizer Fahnen wehen ganzjährig an unzähligen Masten vor unzähligen Einfamilienhäusern und in unzähligen Schrebergärten. Als müssten die Schweizerinnen und Schweizer sich selber und all die Fremden dauernd daran erinnern, wo sie sind. Diesen Komplex zu ergründen würde aber den Rahmen dieses Artikels sprengen. Wir verweisen dafür auf die Psychoanalyse von →Carl Gustav Jung.

Dem Rest der Welt so lang wie breit: Die quadratische Schweizer Flagge

Nestlé

Ob Nestlé auch bald die Muttermilch schluckt?

Ein schwaches Frühgeborenes machte 1867 den Anfang. Es war das erste Baby, das »Nestlés Kindermehl« zu sich nahm und deshalb überlebte. Der in Frankfurt geborene Heinrich Nestle wurde mit dieser Erfindung zu einem Pionier der Lebensmittelindustrie. Leider trifft das heutige Firmenmotto »good food, good life« nicht auf die ganze Welt zu: In den 80er-Jahren überlebten viele Kinder in Afrika die Erfindung des Milchpulvers nicht. Nestlé warb unter anderem mit der Verteilung von Gratismustern für das Produkt. Die Mütter stellten das Stillen ein, die Muttermilch versiegte. Zahlreiche Säuglinge starben durch zu starke Verdünnung der teuren Produkte oder Zubereitung mit verschmutztem Wasser. Der Prozess gegen Nestlé endete in einem Freispruch. Die Kläger erhielten eine Buße, weil ihre Studie den Titel »Nestlé tötet Babys« trug.

Und dabei hatte der gelernte Apotheker Heinrich Nestle doch nur das Wohl der Kinder und Familien im Sinn. Als Firmenlogo wird denn auch heute noch sein Familienwappen verwendet, ein kleines Nest, schwäbisch »Nestle« genannt. Der Hauptsitz des weltweit tätigen Konzerns liegt denn auch in einem kleinen Nest, in Vevey, Kanton Waadt. Die Firma ist aber inzwischen der größte Lebensmittelkonzern der Welt mit einem Umsatz von 107,5 Milliarden →Schweizer Franken (2007) und einem erzielten Reingewinn von 10,6 Milliarden. Weltweit betreibt Nestlé über 480 Produktionsstätten in 80 Ländern und beschäftigt insgesamt rund 276 000 Mitarbeiter. Einer von ihnen, Peter Brabeck, ein österreichischer Manager, war bis 2008 zehn Jahre lang CEO und Präsident des Verwaltungsrates des Konzerns. Im Film »We Feed the World«, der die

Massenproduktion verschiedener Lebensmittel kritisiert, sagt er so bemerkenswerte Sätze wie: »Wasser ist ein Lebensmittel; so wie jedes andere Lebensmittel sollte das einen Marktwert haben.« Obwohl die Firma 1996 einen Gen-Food »frisst« der Konzern auch sonst eine ganze Menge: Im April 2007 übernahm Nestlé für 5,5 Milliarden Dollar den amerikanischen Kindernahrungshersteller Gerber vom Schweizer Pharmakonzern Novartis. Brabeck erklärte,

Nestlé weltweit: hier in der Nähe der Tempel von Karnak in Ägypten

Schokoriegel mit gentechnisch veränderten Inhaltsstoffen vom Markt nahm und beteuert, keine solche mehr zu verwenden, meint Brabeck, die Hinzuziehung der Gentechnologie sei notwendig, da nur diese der willkürlichen Natur etwas entgegensetzen könne. Nebst die Übernahme sei »ein bedeutender Schritt für Nestlé in ihrem Umwandlungsprozess in ein Unternehmen für Ernährung, Gesundheit und Wohlbefinden«. Bleibt zu hoffen, dass Nestlé eines Tages nicht auch noch die Muttermilch schluckt.

Neutralität

Neutralität bedeutet, dass ein Staat sich nicht an bewaffneten Konflikten zwischen anderen Staaten beteiligt. Die schweizerische Neutralität ist einer der wichtigsten Bestandteile des politischen Systems der Schweiz, obwohl sie nicht explizit in der Verfassung verankert ist. Die schweizerische Neutralität ist selbstgewählt, dauernd und bewaffnet. Und sie entstand aus der Not heraus: Nach der Niederlage gegen die Franzosen in der Schlacht bei Marignano 1515 war die Eidgenossenschaft in religiöser und politischer Hinsicht innerlich so gespalten, dass ein militärisches Engagement im Ausland nicht mehr in Frage kam. Also machte man das Beste daraus und erklärte sich als neutral. Was allerdings die wackeren eidgenössischen Kämpfer nicht daran hinderte, nach wie vor in fremde Kriegsdienste zu ziehen. Heute sind das die so genannten Fußballsöldner, fast die gesamte Schweizer Fußballnationalmannschaft verdient ihr Geld im Ausland. Dass die Schweiz nur deshalb verliert, weil sie neutral sein möchte, ist hingegen lediglich ein Gerücht.

Nach der verlorenen Schlacht von Marignano blieb der Schweiz nur noch die Flucht in die Neutralität.

In der Zeit der Helvetischen Republik musste die Schweiz auf ihre Neutralität verzichten, da das Land unter der Herrschaft Napoleons stand und zu einem Militärbündnis mit Frankreich gezwungen wurde. Nach dem Rückzug Napoleons übten die Alliierten so viel Druck auf die Schweiz aus, dass sie flugs die Fronten wechselte und 1815 sogar Truppen gegen Frankreich schickte. Es war der letzte Ausflug von Schweizer Soldaten ins Ausland. Die Schweizer Armee übt seither den Krieg im eigenen Land, wenn sie nicht gerade mittels einer Volksabstimmung von der Abschaffung bedroht ist (→direkte Demokratie, Frisch, Max). Wenn draußen ein Krieg stattfindet, dann beschützt die Schweiz ihre

Grenze, letztmals während des Zweiten Weltkriegs. (Unter dem Motto »Das Boot ist voll« wurden damals auch zahlreiche jüdische und andere Flüchtlinge zurückgewiesen. Ob das auch neutral war, wagen wir zu bezweifeln.)

Die konservativen Kräfte aber bemühen den Mythos Neutralität in heutigen Zeiten für die Abwehr von allem potenziell Bösen, das von außen kommt. Die fortschrittlicheren Kreise setzen mehr auf die so genannten Guten

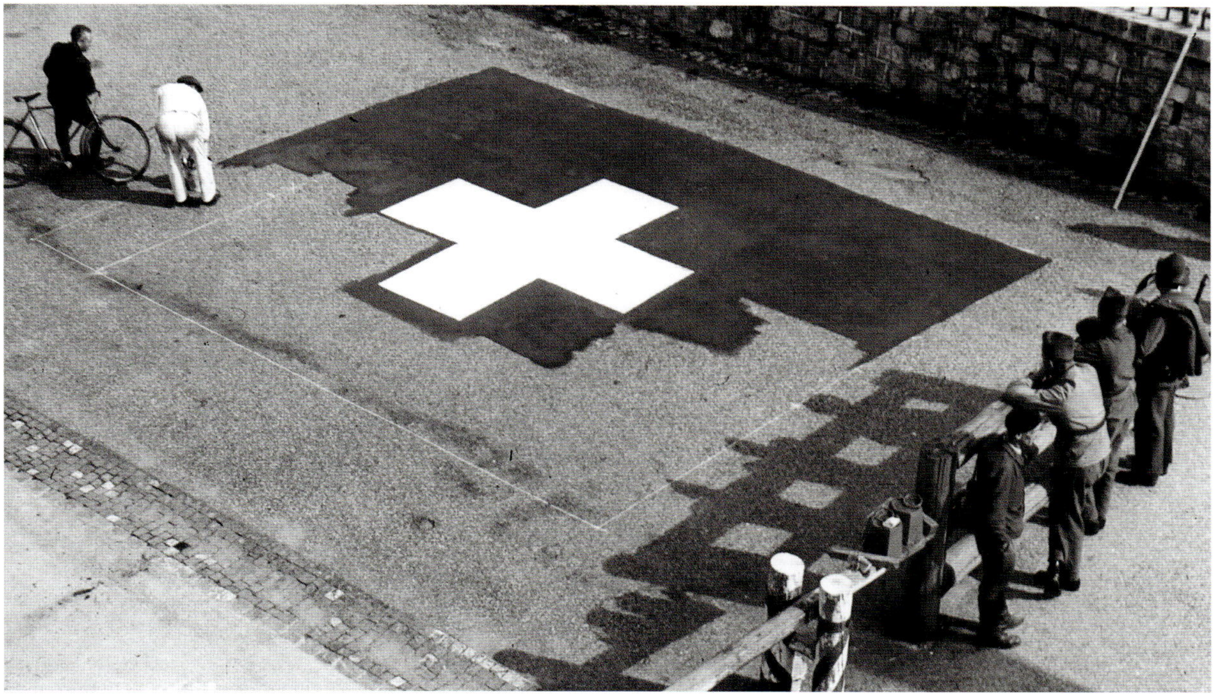

Eine Schweizer Fahne wird im Zweiten Weltkrieg an der Grenze in Boncourt / Ajoie auf die Strasse gemalt. Die neutrale Schweiz machte dicht, auch Flüchtlinge wurden abgewiesen.

Die Geschichte zeigt, dass die schweizerische Neutralität schlicht die einzig mögliche Überlebensstrategie dieses Kleinstaates ist. Mit seinen wichtigen Alpenübergängen und der Lage zwischen den europäischen Großmächten hätte ihn eine strategische Allianz wohl aufgerieben.

Dienste, die neutrale Schweiz ist beliebt als Sitz von humanitären Organisationen, allen voran des →Roten Kreuzes. Dieses wiederum kommt zum Einsatz, wenn die Schweizer Fußballsöldner im Ausland dem Gegner das Schienbein hinhalten.

Oppenheim, Meret (1913–1985)

Haare hatte sie wenig auf dem Kopf, dafür klebten umso mehr an der Tasse, die Meret Oppenheim 1936 anfertigte. »Le déjeuner en fourrure«, das Frühstück im Pelz, machte die junge Frau schlagartig berühmt. Der plötzliche Erfolg und die Reduktion ihres künstlerischen Schaffens auf die Pelztasse stürzten sie in eine schwere Schaffenskrise, aus der sie erst 1954 wieder vollständig heraus fand, unter anderem übrigens durch die Lektüre von Texten →Carl Gustav Jungs.

Die Pelztasse: Meret Oppenheims größter Erfolg und ihre größte Bürde

Geboren wurde sie als Kind einer Schweizer Mutter und eines deutschen Vaters in Charlottenburg, im heutigen Berlin. Aufgewachsen ist sie dann aber mit ihren zwei Geschwistern und der Mutter in Delémont im Kanton Jura, im Haus ihrer Großmutter Lisa Wenger. Diese hatte die Kunstakademie in Düsseldorf besucht, war Malerin und eine berühmte Kinderbuchautorin. Meret kam so schon früh in Berührung mit der Künstlerszene, unter ihnen Hermann Hesse, während ein paar Jahren der Ehemann von Merets Tante Ruth Wenger. Danach lebte die Familie in Steinen in Deutschland, nahe der Schweizer Grenze. Die liebsten Schulfächer von Meret Oppenheim waren Geschichte, Deutsch, Naturkunde und, wen wunderts, Zeichnen. Das tat sie aber nicht nur im Zeichenunterricht, sondern, so ist es überliefert, mit Vorliebe im Mathematikheft. Kurzum: Sie wollte Malerin werden. 20-jährig fuhr sie mit einer Freundin nach Paris und lernte dort unter anderem Alberto Giacometti kennen. Man Ray fotografierte sie nackt mit Öl verschmiert für den Bildzyklus »Érotique voilée«, was ihr den Ruf der »Muse der Surrealisten« einbrachte. Sie kämpfte gegen dieses Image und für ihre künstlerische Eigenständigkeit. Auch später forderte sie wiederholt die Aufhebung geschlechtsspezifischen Rollenverhaltens und ver-

neinte vehement die Existenz einer »weiblichen Kunst«. Sie erklärte Kunst als androgyn.
Sie verließ Paris und besuchte in der Schweiz die Gewerbeschule, um eine gründliche Ausbildung in technischen Fertigkeiten zu erhalten. Nach zwei Jahren allerdings verließ sie die Schule. 1949 heiratete sie Wolfgang La Roche und lebte mit

ihm bis zu seinem Tod 1967 in Bern. Neun Jahre nach ihrer Heirat begann ihr großes Schaffen, das in zahlreiche Ausstellungen mündete. 1981 erschien ihr erster Gedichtband unter dem Titel »Sansibar«. Kurz vor ihrem Tod wurde sie Mitglied der Akademie der Künste in Berlin. Am Tag der Vernissage zu ihrem Buch »Caroline«, am 15. November 1985, starb Meret Oppenheim in Basel. Eine der wichtigsten Vertreterinnen des magischen Surrealismus hatte nicht nur Haare in der Tasse, sondern auch auf den Zähnen, sie galt zeitlebens als künstlerisch schwer fassbar, operierend zwischen den Grenzen von Natur und Kultur, Mann und Frau, Tag und Nacht, Traum und Wirklichkeit. Zwei Jahre vor ihrem Tod wurde in Bern der Oppenheimbrunnen eingeweiht. Er ist eine spiralförmig bewässerte Betonsäule mit Moos und Pflanzen und löste heftige Kontroversen aus. Inzwischen ist aber, ganz im Sinn der Künstlerin, Gras darüber gewachsen, fast wie weiland der Pelz über die Tasse.

Pilatus

Auf den Pilatus geht man nicht, man fährt: mit der steilsten Zahnradbahn der Welt.

Der Pilatus ist 2132 Meter hoch und der Hausberg von →Luzern. Rund um den Pilatus steigen seit der Wiederansiedlung 1961 die Steinböcke und ranken sich zahlreiche Sagen und Legenden. Das fängt schon mit dem Namen an. Im Mittelalter hieß der Pilatus noch »mons fractus«, gebrochener Berg, was dann zu Frakmont und Fräkmünt wurde. Weil er aber nicht nur eine, sondern mehrere Spitzen hat, nannte man ihn auch »mons pileatus«, der von Pfeilern durchsetzte Berg. Die Sage dazu lieferte Pontius Pilatus, der Statthalter Roms in Jerusalem, der bekanntlich Jesus von Nazareth zum Tod am Kreuz verurteilte. Pilatus soll hoch oben am Berg in einem See seine letzte Ruhestätte gefunden haben, nachdem niemand sonst seinen Leichnam bestatten wollte. Wehe aber, jemand störte die Ruhe des Sees. Dann brachen Unwetter aus und Felsgestein stürzte donnernd ins Tal. Der Pilatussee ist heute nur mehr als Hochmoor zu sehen. Der Name ist dem Berg aber geblieben und für die unzähligen Japaner, die ihn jährlich besteigen, sicher auch einfacher auszusprechen als Fräkmünt. Das heißt, die meisten Touristen besteigen den Pilatus nicht, sondern sie fahren mit der steilsten Zahnradbahn der Welt mit bis zu 48 % Steigung bis auf 2100 Meter hoch. Oben angekommen, haben sie dann die Qual der Wahl zwischen zwei Hotels und drei Restaurants, essen dort →Rösti oder →Käsefondue, während draußen eine Folkloregruppe →Alphorn spielt. Zusammen mit der Aussicht auf Berge, Steinböcke und →Vierwaldstättersee erreicht der Pilatus so im Verhältnis zur Fläche die wohl höchste Klischeedichte der Schweiz.

Vordergründig nichts mit dem Pilatus als Berg zu tun hat die Pilatus Aircraft als wichtigster

Flugzeughersteller des Landes. Die Pilatus-Trainingsflugzeuge werden mit Vorliebe auch in Länder exportiert, wo Bürger- und andere Kriege dörfer und im Tschad gegen Flüchtlingslager im Einsatz waren, reagiert man selbstverständlich empört. Die Flugzeugfabrik steht übrigens in

herrschen. Wenn man in der Schweiz dann erfährt, dass Pilatus-Flugzeuge im Irak gegen Kurden, in Mexiko gegen zapatistische Bauern- Stans, am Fuße des Pilatus. Aber das soll die heile Welt auf dem Pilatus nicht stören. Man braucht ja nicht runterzuschauen.

Der verbaute Gipfel des Pilatus

Postauto

Das Postauto gehört zur Schweiz wie →Wilhelm Tell zum Apfel und der Apfel zum →Birchermüsli. Postautos sind leuchtend gelbe Postbusse, die in die entlegensten Alpentäler fahren, um in jedem auch noch so kleinen Dorf die Post, die Touristen, die PendleInnen und die Schulkinder abzuholen und abzuliefern. Die meisten Postautos fahren ab den Bahnhöfen der →Schweizerischen Bundesbahnen und übernehmen so die »Feinverteilung« im öffentlichen Verkehr. 1906 ersetzte das erste Postauto die Pferdekutschen, 1919 folgten die ersten Fahrten über die Alpenpässe. Wenn man die Schweiz verlässt, ohne eine Postautofahrt über einen Pass gemacht zu haben, ist das in etwa so, wie in Hamburg gewesen zu sein ohne Hafenrundfahrt. Denn wer mit dem Postauto durch die Berge fährt, der erlebt etwas. Ein gestandener Mann mit Schnauzer – Postautofahrer haben immer einen Schnauzer – und einer grauen Helly-Hansen-Postautofahrerjacke fährt einen durch die Schweiz. Zugegeben, nicht ganz gratis, aber großzügig. Die Sitze sind weich, die Fenster riesig, die Aussicht ist grandios, die Kurven sind eng, tief beugt sich der Mann über das Steuerrad, wie der Käser mit dem Käsetuch über den Milchbottich, und holt mit seinen Pranken die Kurve, was heißt da die Kurve, das Tal, die Berge, den ganzen Horizont holt er mit seinen Postautofahrerpranken zu sich in sein Postauto. Sein Postautofahrerthron hebt und senkt sich unsichtbar gefedert, weit lässt er das Postauto über den jähen Abgrund hinausschauen, wie ein Kamel, das im Zirkus seinen riesigen Kopf über die schreienden Kinder in den Logenplätzen gleiten lässt, und schwenkt dann hinaus aus der

Postauto 1957, heute vor allem für Hochzeitsfahrten im Einsatz

Kurve in die nächste Gerade hinein und das Tü-ta-to, das er dann noch loslässt, ist völlig nebensächlich, das Geheimnis liegt einzig und allein in der Bewegung und im Rhythmus.

besteht aus den drei Tönen Cis – E – A in A-Dur. Und noch etwas: Seit neustem gibt es auch Doppelstock-Postautos. Setzen Sie sich dort zuoberst zuvorderst hin und Sie gleiten

Doch zurück zu den Fakten: Das Tü-ta-to, dieser Dreiklang, den der Postautofahrer vor unübersichtlichen Kurven erschallen lässt, kommt direkt aus dem Andante aus der Ouvertüre von Rossinis Oper →Wilhelm Tell und

quasi auf dem Kamelrücken durch die Bergwelt. Unbeschreiblich und unvergesslich. Falls Sie allerdings einen empfindlichen Magen haben: Bitte vor der Fahrt über den →Gotthard kein →Birchermüsli essen.

Das Postauto, die gelbe Lebensader in den Bergtälern

Qualität

Weil die Schweiz in Sachen Quantität mit den umliegenden Ländern nicht mithalten kann und außer Wasser, Kies und Bildung nicht gerade viele Rohstoffe hat, bleibt ihr nicht viel anderes übrig, als auf Qualität und Innovation zu setzen. Das »Swiss made«-Signet, eine stilisierte Armbrust, soll auf hochentwickelte und leistungsfähige Produkte hinweisen. Schließlich hat →Wilhelm Tell mit seiner Armbrust mit einem einzigen Schuss den Apfel getroffen. Auf der homepage www.swissmade.com, wo man all diese Produkte kaufen kann, heißt es zu den Innovationen der Schweiz:

Der kleine Bruder des Schweizer Armeemessers: der Sparschäler Rex

»Innovationen Swiss made« bewegen die ganze Welt. Im 18. Jahrhundert bereicherten Leonhard Euler mit der Euler'schen Zahl und Daniel Bernoulli mit dem Bernoulli'schen Gesetz Mathematik und Physik um entscheidende neue Ideen. Jean-Henri Dunant gründete 1864 das Rote Kreuz, Julius Maggi erfand 1886 die Beutelsuppe und 1905 lässt Alfred J. Büchi den Turbolader patentieren. Die Dada-Bewegung entstand 1916 in Zürich, Roland Kuhn entwickelte 1957 das erste Antidepressivum, die erste elektronische Armbanduhr wurde 1959 in Biel zusammengeschraubt, in Zürich 1969 das erste Herz verpflanzt und 1999 gelang Bertrand Piccard die erste Umkreisung der Erde mit einem Ballon.

Den →Dadaismus, den Turbolader und ein Antidepressivum sozusagen in die gleiche Beutelsuppe zu kippen, erscheint uns zwar etwas sehr gewagt, aber sei's drum: Es war zu seiner Zeit neu und hatte eine Qualität, die bis heute anhält und darauf sind die Schweizer stolz. Um diese Qualität zu bewahren, wird heutzutage alles zertifiziert, mit den Normen der »International Organization for Standardization«, genannt ISO. Die hat ihren Sitz in Genf. Kein Wunder also, dass wir ganz vernarrt sind auf ISO-zertifizierte Betriebe und Produkte und Lebensmittel mit dem Schutzsiegel AOC für »Appellation d'Origine Contrôlée« (→Emmentaler).

während Südkoreanerinnen, Finnen, Japanerinnen und Kanadier die Siegerplätze unter sich ausmachen. Dabei haben die doch alle keine Ahnung von Beutelsuppen und Herztransplantationen. Aber es gibt einen Lichtblick: Die Schweizer sind nämlich Weltmeister im Kaufen

Ausdruck schweizerischer Präzision und Qualität: ein Schweizer Uhrwerk

Gerne betont wird auch die hervorragende Schulbildung der Schweizerinnen und Schweizer. Umso ernüchternder das Abschneiden der Tellensöhne und Helvetiatöchter bei den PISA-Studien. Sie dümpeln (zusammen mit den Deutschen) irgendwo im Mittelfeld herum,

von Lebensmitteln mit Bio-Qualität. Und wenn wir ganz viele Bio-Äpfel essen, geschält mit dem qualitativ unerreichten Schweizer Sparschäler REX, dann stehen wir bald an der Spitze der PISA-Studie. Vorausgesetzt, neben Lesen und Rechnen wird auch Armbrustschießen geprüft.

Raclette

»Mir hei e Verein ...« (wir haben einen Verein), so beginnt eines der berühmtesten Lieder des Schweizer Liedermachers Mani Matter. Die Schweiz besteht an sich aus Vereinen und natürlich hat auch der Raclettekäse einen: »Raclette Suisse« heißt er und soll dem Raclette zu Ehre und Ruhm verhelfen. Die Marke Raclette Suisse® bürgt, nach eigenen Angaben, für Schweizer Herkunft, →Qualität, Natürlichkeit, Genuss und Geselligkeit. (Ob Sie den Verein verklagen können, wenn Ihnen der Käse schwer im Magen liegt und Sie deshalb eine schlaflose Nacht verbringen, ist uns nicht bekannt). Die Geschäftsstelle des Vereins ist mit einer 1,1-Personenstelle schlank organisiert. Eine schlanke Mahlzeit ist Raclette allerdings nicht. Das Raclette (von französisch racler, »schaben, kratzen«), nicht zu verwechseln mit dem →Käsefondue, ist eines der Schweizer Nationalgerichte, zubereitet aus geschmolzenem Käse. Die Walliser sagen, sie hätten es erfunden, und ähnlich wie beim →Emmentaler besteht vor dem Bundesgericht ein Streit darüber, wer wo welchen Käse Raclette nennen darf. Allerdings bezeichnet Raclette eben nicht den Käse, sondern das Gericht, meinte das Gericht. Seit 2007 dürfen die Walliser ihren Käse immerhin mit dem Herkunftslabel AOC anschreiben.

Den »gebratenen« Käse über die Kartoffeln geben. So schnell geht Raclette.

Gemäß Schriften aus Klöstern von Ob- und Nidwalden dürfen wir annehmen, dass bereits →Wilhelm Tell »Bratchäs«, wie Raclette damals noch genannt wurde, gegessen hat. Bei →Heidi wird Raclette als Käsebraten am Spieß bezeichnet. Früher wurde der Raclettekäse am offenen Feuer geschmolzen und die weich gewordene Masse auf einen Teller abgeschabt, das heißt »raclettiert«, mit dem so genannten Raclettemesser. Seit 1950 verwendet man zum

Schmelzen einen Racletteofen. Der Käse gelangt bereits in Scheiben geschnitten in den Verkauf und lässt sich bequem in einem kleinen Pfännchen schmelzen. Serviert wird der Käse mit »Gschwellten« (Pellkartoffeln), sauren Gurken, Essigzwiebeln et cetera. Ebenso gibt es pro Person. Falls Sie sich vor dem besagten Käseklumpen im Magen fürchten: Wein und Kräuterschnaps sollen die Verdauung anregen, Kräuter – oder Schwarztee hilft auch, warm getrunken. Denn obwohl uns der »Verein« mit zahlreichen Werbebotschaften das Sommer-

»Es kann nur einen geben« – meinen zumindest die Walliser.

mittlerweile zahlreiche Sorten von Raclettekäse, beispielsweise mit Knoblauch, Pfeffer, Paprika oder aus Ziegenmilch. Für ein »zünftiges« Raclette braucht es 200 bis 250 g Käse raclette schmackhaft zu machen versucht, ist und bleibt das Gericht ein Wintergericht. Stinken tut es so oder so und lüften lässt sich das →Chalet auch im Winter.

Ricola

»Wer hat's erfunden?« – »Die Schweizer.« – »Und wer genau?« – »Ricola.« Der kleine aufgeweckte Mann – notabene der in der Schweiz wohlbekannte Volksschauspieler Erich Vock –, der mit dem roten Warnblinker auf dem Kopf kreuz und quer durch die Welt saust und den Aborigines, den Japanern und den finnischen Saunagängern die Herkunft der Kräuterbonbons nahelegt, hat Ricola »weltberühmt« gemacht. Ricola ist ein traditionelles Schweizer Familienunternehmen. Emil Richterich gründete die Firma 1930, später wurde aus der Richterich und Co. in der Basler Kleinstadt Laufen der Namen Ricola. Mit einem kohlebeheizten Herd, mit Kupferkesseln, Kühltisch, Spindelpresse und Drageetrommeln nahm er die Süßwarenproduktion auf, ausgehend vom so genannten Hustenwohl, einem Bonbon mit Kräutern gegen Husten und Heiserkeit. Im klassischen Kräuterzucker, von Emil Richterich 1940 entwickelt, sind Salbei, Spitzwegerich, Pfefferminze, Thymian, Schafgarbe, Ehrenpreis, Holunder, Malve, Andorn, Schlüsselblume, Bibernell, Frauenmantel und Eibisch drin. Die Kräuter werden von rund 200 Landwirtschaftsbetrieben im Wallis, im Emmental, im Puschlav, am Jurasüdfuß, in der Zentralschweiz und im Tessin nach strengen Kriterien angebaut, ohne Herbizide und ohne Kunstdünger.

»Wer hat's erfunden?« – »Die Schweizer.« – »Und wer genau?« – »Ricola.«

Weil es im Schweizer Kräuterzucker selbstredend auch Zucker drin hat und der Kräuterzucker zwar gut ist für den Hals, aber schlecht für die Zähne, gibt es seit 1976 auch das Bonbon »Schweizer Kräuter« von Ricola, also ohne Zucker. Und natürlich gibt es auch sonst alle möglichen Varianten: von Aromabonbons mit Salbei, Kirsche, Sanddorn, Zitronenmelisse, Holunder und Verbene über Kräuterteemischungen, Pastillen, Fresh Pearls und so weiter, in der Schachtel, im Beutel oder im Böxli (→schwyzerdütsch für eine kleine Schachtel). Als Böxli der edleren Art bauten die berühmten Schweizer Architekten Herzog & De Meuron im lohngünstigeren Elsass in den 90er-Jahren einen neuen Abpackbetrieb. Mittlerweile führt Felix Richterich in

dritter Generation das Unternehmen. Es sammelt übrigens seit Jahren auch zeitgenössische Schweizer Kunst, unter anderem sind auch Werke von →Max Bill in den Firmengebäuden ausgestellt und öffentlich zugänglich.
Heute beschäftigt Ricola weltweit 350 Mitarbeiterinnen und Mitarbeiter und exportiert in rund 50 Länder in Europa, Asien, Nordamerika und seit neustem auch nach Australien. Der kleine Mann mit dem roten Warnblinker hat also noch jede Menge Kilometer abzuspulen, um den berühmten »Ri-co-laaaa!«-Ruf anzustimmen. Wenn er dabei nur nicht heiser wird.

Rigi

»Ich will alles Volk auf die Berge führen, damit sie alle die Herrlichkeit unseres erhabenen Landes genießen können!«, rief Niklaus Riggenbach, als er seine Erfindung 1863 in Frankreich patentieren ließ. Er war nicht der Erfinder der Berge, sondern des Zahnradbahnsystems Riggenbach, einer so genannten Leiterzahnstange, mit der es möglich wurde, Züge mittels Zahnrad und Zahnstange über Steigungen zu führen. Zusammen mit den Inge-nieuren Oliver Zschokke und Adolf Naef richtete er ein Gesuch an den Kanton Luzern, eine Bahn auf die Rigi bauen zu dürfen. Die Rigi hat ihren Namen allerdings nicht von Riggenbach. Die Rigi ist ein Bergmassiv zwischen dem →Vierwaldstättersee, dem Zuger- und dem Lauerzersee. Der höchste Gipfel ist mit 1797,5 Metern über dem Meer die Rigi-Kulm. Seinen Namen hat der Berg von den geologischen Schichtungen, den »Riginen«. Im Zuge der touristischen Erschließung der Alpen wurde die Mär in die Welt gesetzt, Rigi sei eine Abkürzung vom lateinischen Regina montium – »Königin der Berge«. Dem ist aber nicht so, auch wenn die Rigi majestätisch erscheint. Und zu den Alpen gehört die Rigi auch nicht, sondern zur subalpinen Molasse und damit zum Schweizer Mittelland. Das aus verschiedenen Materialien zusammengepresste, nicht sehr feste Gestein wird auch als Nagelfluh bezeichnet. Im Gegensatz zum Berg ist das grammatikalische Geschlecht schwankend. Ab 1518 ist die Bezeichnung klar feminin, der Name der Ortschaft Küssnacht »am« Rigi belegt aber, dass auch die maskuline Form seit langem verwendet wird.

Das Rigi-Gebiet: sommers wie winters ein idealer Ort zum Wandern

Als bekannt wurde, dass im fernen Amerika eine ähnliche Bahn in Gebrauch sei, wie sie Riggenbach geplant hatte, erhielten die Männer die behördliche Genehmigung. Mitte September 1869 begann der Bahnbau und just an Riggenbachs Geburtstag, am 21. Mai 1870, fand

Liegt der Rest der Schweiz im Nebelmeer, scheint auf der Rigi die Sonne.

die erste Probefahrt statt. Exakt ein Jahr später konnte die erste Bergbahn Europas eingeweiht werden. Sie führte von Vitznau zur Rigi-Staffelhöhe, zwei Jahre später dann auch zum Gipfel. Im ersten Jahr fuhren über 60 000 Gäste mit und im Jahr 1874 wurde die 100 000-Grenze überschritten. Mark Twain erklomm die Rigi noch zu Fuß und beschrieb einen Sonnenaufgang: »Einige Minuten waren wir tief ergriffen von dem wunderbaren Anblick und für alles andere tot.« Da hoffen wir doch, dass er es für den Weg hinunter noch bis zu Riggenbachs Bahn schaffte.

Rösti

Die Schweizer Aussprache lautet: ['rø:ʃti] (wie »Rööschti« – also mit betontem, langem »ö« und »sch«). Sie ist ein flacher, in heißem Fett in der Bratpfanne ausgebackener Fladen aus geraffelten Kartoffeln. Nach einer Überlieferung soll der Glarner Söldner Jakob Strub zu Beginn des 18. Jahrhunderts Kartoffeln aus Irland in seine Heimat mitgebracht haben, worauf man sie hier auf unzählige Arten zubereitete. Die Rösti dürfte um die Mitte des 19. Jahrhunderts entstanden sein. Die »prötlete Herdöpfel« (gebratene Kartoffeln) verdrängten zuerst in Zürich die mittelalterlichen Brei- und Milchspeisen als Frühstück. Von da aus bahnte sich die Rösti den Weg nach Südwesten Richtung Bern und in die französische Schweiz, wo man gebratene Kartoffeln »pommes de terre rôties« nennt. Aus »rôtie« wurde auf dem Weg zurück in die Deutschschweiz die »Rösti«. Sie diente den Bauern als kräftiges Frühstück für die Arbeit auf dem Hof. Das Rezept sprach sich herum, die Rösti schaffte, was keinem fremden Heer gelang: Sie eroberte die Eidgenossenschaft. Das →Birchermüsli hat sie zwar vom Frühstückstisch verdrängt, aber nichtsdestotrotz gilt die »chüstige« (sättigende) Rösti bis heute als Schweizer Nationalgericht und ist dazu ein Sinnbild des Föderalismus: Die Berner lieben sie mit Speckwürfeln. Die Emmentaler überbacken sie mit ihrem →Emmentaler. Die Urner mit dem Urnerkäse. Die Walliser mit →Raclette. Die Basler mögen fein geschnittene Zwiebelringe darin. Die Zürcher essen sie zum →Zürcher Geschnetzelten. Die Glarner mischen Schabzieger (aus Molke hergestellter Käse mit Kleepulver) bei. Die Tessiner Speckwürfel und frischen Rosmarin. Die Appenzeller mögen sie mit Hörnli (kleine Teigwaren). Die Waadtländer servieren sie mit Speck, Tomaten, Greyerzerkäse

Ob Rösti oder Röschti, so oder so ein leckerer Genuss

und Spiegelei. Ob die Rösti aber aus rohen oder »gschwellten« (vorgekochten) Kartoffeln zubereitet wird, daran scheiden sich die Geister. Die Berner verwenden gekochte Kartoffeln (saugfähiger, im Bezug auf Fleischgerichte mit Sauce), die Zürcher und Ostschweizer rohe.

Rösti in Euro-Preisen? Das Schweizer Nationalgericht expandiert!

Der so genannte Röstigraben entstand aber nicht darum, sondern bezeichnet humorvoll die politischen Unterschiede und Mentalitäten der deutschen und der französischen Schweiz. Dort wiederum heißt der Röstigraben »Rideau de röschti«, also »Röstivorhang«, quasi die appetitlichere Version des Eisernen Vorhangs. Geographisch gesehen ist der Röstigraben der Saanegraben, die Saane ein Fluss, der auch die Sprachgrenze markiert. Analog zum Röstigraben spricht man in jüngster Zeit auch vom Bratwurstgraben, der die Ostschweiz vom Rest der Deutschschweiz abgrenzt. Bratwurst deshalb, weil die Bratwurst aus St. Gallen die berühmteste Bratwurst der Schweiz ist. Sie passt übrigens hervorragend zu Rösti.

Rotes Kreuz

»Der Schutz des Lebens, der Gesundheit und der Würde und die Verminderung des Leids von Menschen in Not ohne Ansehen von Nationalität und Abstammung oder religiösen, weltanschaulichen oder politischen Ansichten der Betroffenen und Hilfeleistenden.« Das ist der Grundsatz der internationalen Rotkreuz- und Rothalbmond-Bewegung. Innerhalb dieser Bewegung ist das Internationale Komitee vom Roten Kreuz (IKRK) in ausschließlich humanitärer Mission für den Schutz des Lebens und der Würde der Opfer von Kriegen und innerstaatlichen Konflikten zuständig, basierend auf Unparteilichkeit, Neutralität und Unabhängigkeit. 25 Schweizer Staatsbürger bilden den Kern des IKRK, weltweit sind rund 12 500 Menschen dafür tätig, 800 davon im Hauptsitz in Genf.

Das rote Kreuz mitten auf der Brust und das Herz am rechten Fleck

Henry Dunant hieß ein Schweizer Geschäftsmann, der 1859 nach Italien reiste, weil er mit dem französischen Kaiser Napoleon III. Landgeschäfte zu verhandeln hatte. Nahe des kleinen Ortes Solferino wurde er am 24. Juni 1859 ungewollt zum Zeugen einer grausamen Schlacht: 6000 Soldaten starben, 25 000 blieben verwundet zurück, und das alles an einem einzigen Tag. Die Versorgung der Verwundeten war völlig unzureichend. Dunant ließ kurzerhand seine Verhandlungen sein, widmete sich während mehrerer Tage den Soldaten und organisierte Hilfsmaßnahmen.

Die Erinnerungen an diese Erlebnisse hielt er in einem Buch fest, das er selber druckte und an führende Persönlichkeiten aus Militär und Politik in ganz Europa verschickte. 1863 fand eine erste internationale Konferenz statt, die unter anderem die Neutralität von Verwundeten, die Entsendung freiwilliger Pflegekräfte auf das Schlachtfeld und die Einführung eines Kenn- und

Schutzzeichens in Form einer weißen Armbinde mit rotem Kreuz beschloss. Das Rote Kreuz war ins Leben gerufen, ein Jahr später wurde die erste »Genfer Konvention« abgeschlossen »betreffend die Linderung des Loses der im Felddienst verwundeten Militärpersonen«. Das Rote Kreuz ist die Umkehrung des Schweizer Wappens (→Nationalflagge). Später kam für die islamischen Länder der Rote Halbmond hinzu, da sie der Meinung waren, das Kreuz verletze die religiösen Gefühle der Soldaten. Als drittes anerkanntes Zeichen, vor allem für die jüdischen Organisationen, wurde vor einigen Jahren der Rote Kristall eingeführt. Die Arbeit ist dem IKRK seit 1863 leider nicht ausgegangen, ganz im Gegenteil. Ihr Motto: Inter Arma Caritas. Nächstenliebe mitten im Krieg. Henry Dunant erhielt 1901 den erstmals verliehenen Friedensnobelpreis.

1945: Rote-Kreuz-Schwestern packen Weihnachtspakete für bedürftige deutsche Familien.

Rütli

Ein Mädchen namens Ruth wird in der Schweiz nicht Rütli genannt. »Das Rütli ist ein abgelegener Flecken, eine kleine Wiese, aber ich wüsste kein anderes Stück Erde, das mehr wert wäre, Ozeane und Kontinente zu durchqueren, um es zu sehen«, sagte Mark Twain. »Das Rütli ist nur eine Wiese mit Kuhdreck«, sagte hingegen Ueli Maurer von der Schweizerischen Volkspartei. Dazu später mehr. Tatsache ist: Das Rütli (ehemals Grütli, von »kleine Rodung«) ist eine etwa fünf Hektar große Wiese und gehört zur Gemeinde Seelisberg im Kanton Uri. Sie liegt am westlichen Ufer des Urnersees, einem Arm des →Vierwaldstättersees. Und auf eben dieser Wiese soll die →Schweiz anno 1291 geboren worden sein. Mit von der Partie waren gemäß der Sage Werner Stauffacher von Schwyz, Walter Fürst von Uri und Arnold von Melchtal aus Unterwalden. Es gibt Leute, die behaupten, anstelle von Fürst sei →Tell vor Ort gewesen. So oder so, die drei wackeren Eidgenossen halfen →Helvetia auf die Beine und schlossen das »ewige Bündnis«. Sie hoben drei Finger gegen den Himmel und schworen: »Wir wollen sein ein einzig Volk von Brüdern, in keiner Not uns trennen und Gefahr. Wir wollen frei sein, wie die Väter waren, eher den Tod, als in der Knechtschaft leben. Wir wollen trauen auf den höchsten Gott und uns nicht fürchten vor der Macht der Menschen.« So zumindest – dachte Friedrich Schiller, als er 1804 das klassische Drama Wilhelm Tell niederschrieb – muss der Rütlischwur gelautet haben.

Die Herren beim Rütlischwur. Ob Wilhelm Tell dabei war, ist ungewiss.

Die drei Abgesandten der Kantone hielten ihre gegenseitigen Verpflichtungen in einem Bundesbrief fest. Das war damals so üblich und es existieren vielerlei derartige Dokumente. Als

Wiese mit Kuhdreck oder heiliger Ort? Entscheiden Sie selbst.

eine der wichtigsten Urkunden wird ein Papier mit der Datumsangabe »Anfangs August« 1291 angesehen. Im 19. Jahrhundert wurde daraus der 1. August, der Nationalfeiertag der Schweiz. Die Idee der drei Eidgenossen von der Vielfalt in der Einheit ist ein wiederkehrendes Motiv in der schweizerischen Staatsideologie und steht für die föderalistische Gemeinschaft. Die Zahl Drei steht für drei Völker, drei Generationen und drei Stände (Bauernstand, Bürgertum und Handwerkerstand). Seit einigen Jahren findet am 1. August eine Bundesfeier auf dem Rütli statt. 2007 luden Linke und Frauenorganisationen zur Feier ein, was den Rechtspopulisten Ueli Maurer dazu verleitete, das Rütli als irgendeine Wiese mit Kuhdreck zu bezeichnen. Die Rütlifeier wurde in den letzten Jahren wiederholt durch Rechtsextreme gestört. Sie fielen zwischen den Kuhfladen aber gar nicht weiter auf.

Sauberkeit

Dem Schweizer ein Gräuel: Unordnung und Schmutz

Die Schweiz ist bekannt für ihren Hang zu Ordnung und Sauberkeit. Alles, was dazwischenkommt, wird unter den Teppich gekehrt, in einen Tresor eingeschlossen (→Bankgeheimnis) oder in einen als →Chalet getarnten Bunker gesperrt. Das Geld wird gewaschen und wieder in Umlauf gebracht. Die Schweizer gehören nicht zuletzt deshalb zur Weltspitze im Recycling. Bei den →Schweizer Bundesbahnen etwa sorgen alleine 1500 Menschen für Sauberkeit und Wiederverwertung. Jährlich sammeln sie 2,5 Millionen PET-Flaschen (ergibt Rohstoff für 276 000 T-Shirts oder 39 500 Schlafsäcke), zwei Millionen Aluminiumdosen (spart 116 Tonnen Bauxit), eine Million Glasflaschen und 3600 Tonnen Zeitungen und Zeitschriften (50 Kilogramm pro Zugabteil und Jahr).

Die sauberste Stadt der Schweiz ist laut einer Untersuchung der Zeitung »SonntagsBlick« →Luzern. Nebst der Sauberkeit wurde darin im gleichen Aufwisch auch die Sicherheit geprüft. Offenbar gehört das in der Schweiz zusammen.

In Luzern kommen denn auf 1000 Einwohner 2,2 Polizisten. In Chur zum Beispiel sind es 1,7. Je mehr Polizisten, desto sauberer die Stadt. Wie »sauber« die Polizisten sind, wurde leider nicht ermittelt. Sie vertreten nur das Gesetz. Und das lautet in Luzern »Massnahmen gegen Littering«. Unter Littering wird »das Wegwerfen oder Liegenlassen von Abfällen ausserhalb der dafür vorgesehenen Abfallbehältnisse und Sammelanlagen« verstanden. Gleichzeitig eingeführt wurde auch eine »allgemeine Wegweisungsnorm«, zur »Wegweisung und Fernhaltung von störenden Personen oder Personengruppen auf öffentlichem Grund«. Dazu kommt noch »die Verhinderung von illegalem und wildem Plakatieren« und erst kürzlich haben die

Luzerner Stimmberechtigten der Videoüberwachung im öffentlichen Raum zugestimmt. Ob sie damit bewirken wollen, dass dem gebürtigen Luzerner →Emil das Lachen vergeht, ist nicht bekannt. Der jamaikanische Reggeasänger Jimmy Cliff allerdings weiß die Sauberkeit durchaus zu schätzen. Zum Auftakt eines zweitätigen gebung mit frischer Luft und klarem Wasser aufgewachsen. Im Wasser des →Vierwaldstättersees bei Luzern lagern übrigens über 3000 Tonnen Munitionsabfälle. Die fallen aber nicht unter die Littering-Verordnung. Zu hoffen bleibt allein, dass das Konzert von Jimmy Cliff auf regelkonform geklebten Plakaten angekündigt und das

Menschenrechtsforums in Luzern gab er im April 2008 ein Benefiz-Konzert. Er sagte: »Die Schweizer kümmern sich um die ganze Umgebung und halten sie intakt. Das ist sehr wichtig.« Er selber sei in Jamaika auch in einer Um-

Publikum nicht weggewiesen wurde, als es sich versammelt hat. Nach dem Konzert wurde der Abfall von vornehmlich ausländischer Wohnbevölkerung fachgerecht entsorgt. Hoffentlich hatten dafür alle einen sauberen Arbeitsvertrag.

Der Vierwaldstättersee bei Luzern: Er birgt ein schmutziges und explosives Geheimnis.

Schokolade

Es gibt keine weltweit gültige Vorstellung davon, wie gute Schokolade schmecken soll, aber Schweizer Schokolade trifft offenbar den Geschmack etlicher Erdbewohner: 60,5 % der Gesamtproduktion von 181 266 Tonnen gingen 2007 ins Ausland. Es wird also mehr Schokolade exportiert als im Land gegessen. Was aber nicht heißt, dass im Land wenig »Schoggi« gegessen wird. Mit einem Pro-Kopf-Konsum von 12,3 Kilogramm pro Jahr sind wir Weltmeister. In der Schokolade enthalten ist das natürliche Antidepressivum Tryptophan. Ob wir deswegen glücklicher sind? Wohl kaum. Die Schweiz hat eine der höchsten Suizidraten der Welt. Oft bringt man sich hierzuland mit dem →Gewehr im Schrank um. Und das, obwohl die Schweizer Armee eine der ersten und nach wie vor besten Kundinnen der Schokoladenindustrie war und ist. Bis heute gehört die so genannte »Militärschoggi« zur Grundnahrung der Soldaten.

Das Land mag klein sein, der Vielfalt von Pralinen aber sind in der Schweiz keine Grenzen gesetzt.

Schokolade galt lange Zeit als Luxusprodukt und zu Beginn des 20. Jahrhunderts wurden drei Viertel der gesamten Produktion exportiert, da der inländische Markt für den Absatz zu klein war. Kurz vor dem Ersten Weltkrieg war Schweizer Schokolade in der ganzen Welt verbreitet. Nach dessen Ende brach der Export von Militärschokolade ein, die Weltwirtschaftskrise verringerte die Nachfrage zusätzlich. Im Zweiten Weltkrieg war es schwierig, Zucker und Kakao zu importieren, Schokolade war rationiert. Der Aufschwung fand in den 50er-Jahren statt.

Förderer und Pioniere der süßen Versuchung gab es zahlreiche. François-Louis Cailler erlernte in Italien das Handwerk der Schokoladenherstellung und eröffnete 1819 bei Vevey (Kanton Waadt) die erste Fabrik. Cailler produzierte die erste Tafelschokolade der Welt und fusionierte bereits 1929 mit →Nestlé. Die erste zartschmelzende Schokolade entwickelte Rodolphe Lindt 1879 mittels einer »Conche«, einer Walzenreibmaschine. Bis dato musste Schokolade gekaut werden, ab jetzt zerging sie auf der Zunge. 20 Jahre später verkaufte er seine Fabrik an Rudolf Sprüngli. Heute steht Sprüngli mit exklusivsten Schokoladenerzeugnissen unter anderem an der →Zürcher Bahnhofstrasse. Zahlreiche Schokoladenmarken werden heute im Ausland hergestellt, nach Schweizer Rezept. Schweizer Schokolade darf aber nur als solche bezeichnet werden, wenn sie auch in der Schweiz hergestellt wird. In den Statuten von Choccosuisse, dem Verband Schweizer Schokoladenfabrikanten, heißt es:

Aus der Kuh in die weite Welt: Exportschlager Schweizer Milchschokolade

»Wir plädieren für eine der Welt gegenüber offene Schweiz als elementare Voraussetzung für die Weiterentwicklung von Gesellschaft und Wirtschaft. In diesem Sinn setzen wir uns für den Freihandel ein.« Schokolade macht vielleicht doch glücklich, auf jeden Fall die Schweizer Wirtschaft.

Schweiz

Die Schweiz – ein kleines unbeugsames Land, umzingelt von mächtigen Nachbarn

Wir befinden uns im Jahre 2008 n. Chr. Ganz Europa ist eine einige Union. Ganz Europa? Nein! Ein von unbeugsamen Schweizern bevölkertes Land hört nicht auf, der Idee eines geeinten Europa Widerstand zu leisten. Und das Leben ist nicht leicht für die europäischen Kommissare, die trotz allem immer wieder Verhandlungen mit dem Inselstaat führen müssen. Dabei ist die Schweiz ja eigentlich gar kein Inselstaat, sondern ein Binnenland. Im Norden grenzt sie an Deutschland, östlich an Liechtenstein und Österreich, südlich an Italien und westlich an Frankreich. Die Eidgenossenschaft existiert als loser Staatenbund seit dem 13. Jahrhundert; dem Nationalmythos zufolge wurde sie am 1. August 1291 auf dem →Rütli zur Gründung beschworen. Einer, der dabei seine Finger gegen den Himmel hob, soll →Wilhelm Tell gewesen sein. Die Schweiz als föderalistischer Bundesstaat wurde mit der Bundesverfassung von 1848 geschaffen. Sie gliedert sich heute in 26 Kantone und hat eine Gesamtfläche von 41 285 Quadratkilometer. In Deutschland hat sie damit rund 8,5-mal Platz. Vielleicht bezeichnet man darum Deutschland oft als den »großen Kanton«. Ende 2007 lebten in der Schweiz 7,59 Millionen Menschen, jeder Fünfte war ein Ausländer. Die Deutschen lagen dabei mit 202 000 an zweiter Stelle, hinter den Italienern und knapp vor den Serben. Die Schweizer in der Schweiz sind auch nicht sehr homogen: Offizielle →vier Landessprachen sind Deutsch, Französisch, Italienisch und Rätoromanisch, durch den ausgeprägten Föderalismus ist beispielsweise das Schul- und das Steuersystem in jedem Kanton auf andere Weise geregelt. Die Schweiz wird darum manchmal als »Willensnation« bezeichnet. Dieser Wille hat die Berge

bisher aber nicht versetzt: In der Schweiz stehen 74 Viertausende, und rund ein Viertel des Landes ist mit Bergen und Gletschern bedeckt. Die außenpolitische →Neutralität der Schweiz ist seit dem Wiener Kongress von 1815 völkerrechtlich anerkannt, von Händeln mit römischen und anderen Legionären hat sich die Schweiz seither erfolgreich ferngehalten. Böse Zungen behaupten allerdings, das →Bankgeheimnis sei der wahre Grund für den anhaltenden Frieden. Heute ist die Schweiz Mitglied der EFTA, des Europarats, der Welthandelsorganisation und seit 2002 auch der UNO, nicht aber der Nato und der EU. Den Wildschweinhandel muss die Schweiz deshalb mit den so genannten bilateralen Verträgen regeln. Die Schweiz ist mit einem Bruttoinlandsprodukt von durchschnittlich 58 000 →Schweizer Franken (38 000 Euro) pro Einwohner und Jahr eines der wirtschaftlich stärksten Länder der Welt. Drei Viertel der Erwerbstätigen sind im Dienstleistungssektor tätig, das heißt, sie zerlegen die Wildschweine, die das restliche Viertel gejagt hat. Und jedes Jahr am 1. August wird der Nationalfeiertag begangen, mit Feuerwerk und gegrillten →Cervelats, fast wie im unbeugsamen Dorf der Gallier.

Solange das Matterhorn steht, bleiben die Schweizer ein furchtloses Volk

Schweizer Bundesbahnen

SBB CFF FFS: »Siebe Buebe brünzlet cirka föif Fässli feine frische Saft.« (Sieben Knaben pinkeln etwa fünf Fässchen feinen frischen Saft.) Die Schweizer Bundesbahnen (SBB, französisch Chemins de fer fédéraux suisses CFF, italienisch Ferrovie federali svizzere FFS) laufen aber nicht etwa wegen dem feinen frischen Saft so geschmiert. 27 438 MitarbeiterInnen (2007) sorgen täglich für reibungslosen Verkehr auf dem 3011 Kilometer langen Streckennetz und den sicheren Transport der jährlich über 306 Millionen Fahrgäste. Täglich reisen 838 000 Menschen in rund 9 000 Zügen. Die Eidgenossen sind denn auch Weltmeister im Zugfahren. Mit 1929 Kilometern pro Einwohner lagen sie 2005 drei Kilometer vor den Japanern. Die Deutschen fahren gerade mal 22 Kilometer. Dabei ist unser Land, wie schon →Dürrenmatt bemerkte, wahrlich klein: Von Basel bis Chiasso brauchen wir vier Stunden 24 Minuten und müssen nicht einmal den Zug wechseln. Von Genf bis Müstair (Kanton Graubünden) dauert es sechs Stunden und 34 Minuten, wir müssen allerdings zuerst auf die Rhätische Bahn (RhB) und dann aufs →Postauto umsteigen. Die RhB beginnt in Chur und ist eine Schmalspurbahn. Das bezieht sich aber keineswegs auf ihr Auftreten, sondern nur auf die Schienenbreite. Damit kann sie die spektakuläre Berglandschaft spielend befahren, zum Beispiel über den Landwasserviadukt, eine 65 Meter hohe, 136 Meter lange, in eine Kurve gebaute Eisenbahnbrücke auf der Albula-Strecke. Im Kreis fahren können Sie mit dem Generalabonnement (GA). Es ist in fast allen öffentlichen Transportmitteln gültig und Sie geraten nie aus dem Takt, weil Sie keine Fahrkarten mehr lösen müssen. Der Taktfahrplan ist ein ausgeklügeltes Fahrplansystem; die

Die Schweizer sind Weltmeister im Zugfahren, knapp vor den Japanern.

Zugverbindungen sind exakt aufeinander abgestimmt. 96,2 % aller Züge verkehrten 2006 mit höchstens fünf Minuten Verspätung. Wie anfällig das dicht befahrene Netz aber ist, zeigt ein Ereignis vom 22. Juni 2005: Am frühen Abend legte ein Kurzschluss für einige Stunden das komplette Schweizer Bahnnetz lahm. Geschätzte 200 000 Pendler und rund 1500 Züge steckten an Bahnhöfen oder auf der Strecke fest. Vielleicht hätte auch Dürrenmatt in einem der Züge gesessen, würde er noch leben, und an seine Geschichte vom Tunnel gedacht. Auch Peter Bichsel, Peter Stamm und Peter Weber, drei Schweizer Schriftsteller, reisen gerne im Zug und schreiben darüber. Der Geißenpeter aus →Heidi allerdings kaum, er konnte nicht schreiben und kam nie aus seinem Dorf raus. Er »brünzlete« lieber mit sechs anderen Knaben die sieben Fässchen voll, damit die SBB laufen wie geschmiert.

Seit Kurzem Teil des UNESCO-Welterbes: das Landwasserviadukt der Rhätischen Bahn auf der Albulastrecke

Schweizer Franken

Bis zum Jahr 1798 war die Ausgabe der Münzen Sache der Kantone. Und wer weiß, wenn Napoleon nicht gewesen wäre, hätte wahrscheinlich heute noch jeder Kanton in der Schweiz seine eigenen Geldstücke, so föderalistisch, wie die Schweiz organisiert ist. Napoleon aber hat dann der Schweiz sozusagen den Münzprägestempel aufgedrückt und uns als Andenken an sein Land den Franken hinterlassen. Nach einem Intermezzo mit Gulden und Batzen, Groschen und Kreuzern, Hellern und Pfennigen war mit der Gründung des modernen Bundesstaates 1848 dann wieder der Franken an der Reihe. 1907 erhielt die neu gegründete Schweizerische Nationalbank als Zentralbank das alleinige Recht zur Münzen- und Banknotenausgabe. Seither hat ein Franken 100 Rappen. Und anstatt Franken sagt man auf →Schwyzerdütsch »Stutz«. Münzen gibt es zu fünf, zehn, 20 und 50 Rappen sowie zu ein, zwei und fünf Stutz. Auf den kleinen Münzen sind der Kopf der Freiheitsgöttin Libertas oder eine stehende →Helvetia abgebildet, auf dem so genannten Fünfliber →Wilhelm Tell, der mit strengem Blick nach rechts schaut, was aber, wie uns versichert wurde, keinerlei politische Bedeutung hat. Die Münzen sind alle aus einer Kupfernickel-Legierung. Die 2-Franken-Münze war bis 1967 aus Silber, dann wurde das Silber teurer, als die Münze wert war.

Wilhelm Tell auf dem Fünfliber: Zwei schwergewichtige Eidgenossen

Für die aktuellen Noten zu zehn, 20, 50, 100, 200 und 1000 Franken mussten angesehene Schweizer Kulturschaffende buchstäblich den Kopf hinhalten, unter anderen →Le Corbusier und Sophie Täuber-Arp. Auf der Hunderternote ist der Künstler Alberto Giacometti abgebildet. Sein Werk »Grande femme debout II« wurde im Mai 2008 für 290 000 solcher Noten versteigert, sprich für 29

Millionen Franken. Rund 2 800 Milliarden Franken liegen in Form von internationalen Vermögenswerten zurzeit auf Schweizer Banken, aber sagen Sie das um Gottes willen niemandem (→Bankgeheimnis). Im Zweiten Weltkrieg war der Franken in Europa die einzige konvertierbare harte Währung, weshalb das nationalsozialistische Regime beträchtliche Transaktionen tätigte. Diese gingen unter dem Stichwort Raubgold in den unrühmlichen Teil der Schweizer Geschichte ein.

Wie viele Franken auch trotz Geldwäschegesetz in der Schweiz gewaschen werden, entzieht sich unserer Kenntnis. Tatsache ist, dass eine Schweizer Banknote nicht kaputtgeht, wenn man sie versehentlich wäscht. Und über ein Dutzend ausgeklügelte Sicherheitsmerkmale, vom Wasserzeichen bis zur feinsten Lochung, machen sie zu den am schwierigsten zu fälschenden Noten weltweit. Wie lange der Franken allerdings dem Euro noch widerstehen kann, steht auf einer anderen Note.

Sehr viele solcher Noten wert ist das Werk von Alberto Giacometti, abgebildet auf denselbigen.

Schweizer Offiziersmesser

Ob es nun offiziell Schweizer Offiziersmesser heißt oder Schweizer Armeemesser oder Schweizer Messer, in der Schweiz ist es schlicht und ergreifend das Sackmesser und es heißt, jeder rechte Schweizer müsse eins im Sack haben. Sack ist ein →Helvetismus für Hosentasche. Darin tragen es die Männer seit 1891. Die Schweizer Frauen machten noch 80 Jahre lang die Faust im Sack, bis sie ihre Waffe auch erhielten, nämlich das →Frauenstimmrecht.

Seither gibt es auch Schweizer Offiziersmesser ohne Messer. Das ist dann, mit Verlaub, schon fast wie ein Schweizer Mann ohne Sack.

Alles ist geschützt am Offiziersmesser, vom aufgeprägten Schweizer Wappen bis zum Namen. Zwei Firmen dürfen es herstellen. Die Firma Victorinox darf ihre Messer als »Original Schweizer Offiziersmesser« bezeichnen, die Firma Wenger macht »Echte Schweizer Offiziersmesser«. Das nennt man einen guteidgenössischen Kompromiss. Mittlerweile haben die beiden Firmen allerdings fusioniert und der Streit ums Messer erübrigt sich eigentlich.

Wobei Messer ja gar kein Ausdruck ist. Denn ein durchschnittliches Schweizer Sackmesser hat nebst dem Messer noch einen Flaschenöffner, einen Dosenöffner, einen Korkenzieher, eine Ahle, eine Schere, eine Säge, eine Feile, eine Pinzette und einen Zahnstocher. Hinzu kommen je nach Ausgabe noch ein Fischentschupper, ein Pharmaspachtel, ein Höhenmesser, eine Diodenlampe, eine Uhr, eine Lupe, ein Zigarrenschneider und seit neustem auch USB-Sticks und MP3-Player. Halt alles, was ein Mann offenbar so braucht im täglichen Kampf ums Überleben. Vorgemacht hatten das NASA-Astronauten, zu deren Standardausrüstung das Messer gehört, und der amerikanische Serienheld MacGyver, der mit seinem Sackmesser aus jeder noch so brenzligen Lage kam.

Das größte Messer hat die Firma Wenger hergestellt. Es wiegt ca. 1,3 Kilogramm und hat 87 verschiedene Elemente mit 141 Funktionen. Fragt sich nur, in welchen Sack das noch passt. Im Sack der Schweizer Offiziere übrigens ist ein Messer, das viele wohl gar nicht für ein Schweizer Offiziersmesser halten würden. Es ist nämlich nicht leuchtend rot, sondern hat eine Hülle aus geriffeltem Aluminium, ist also silbern und verfügt nur über ein Messer, einen Flaschenöffner, einen Dosenöffner und eine Ahle. Alles, was ein Schweizer Soldat im Krieg offenbar braucht (→Neutralität).

Nach dem 11. September 2001 gab es übrigens starke Umsatzeinbußen für die Messerhersteller, da auf den Flughäfen niemand mehr ein Offizersmesser als Souvenir kaufen wollte, weil es einem vor dem Flug gleich wieder weggenommen wurde. Seither gibt es auch Schweizer Offiziersmesser ohne Messer. Das ist dann, mit Verlaub, schon fast wie ein Schweizer Mann ohne Sack.

Ein ganz gewöhnliches Schweizer Messer

Schweizer Uhren

Wann eine Schweizer Uhr »Schweizer Uhr« genannt werden darf, ist natürlich, wie fast alles in der Schweiz, vom →Bundesrat gesetzlich geregelt. Und zwar in der »Verordnung vom 23. Dezember 1971 über die Benützung des Schweizer Namens für Uhren«. Zuerst wird dort festgelegt, was eine Uhr überhaupt ist: »Als Uhren gelten Zeitmessinstrumente, deren Werk in der Breite, Länge oder im Durchmesser 50 mm, oder in der Dicke 12 mm, gemessen mit Boden und Brücke, nicht überschreitet.« Und eine Uhr ist eine Schweizer Uhr, wenn »ihr Werk schweizerisch ist« und »die Bestandteile aus schweizerischer Fabrikation ohne Berücksichtigung der Kosten für das Zusammensetzen mindestens 50 Prozent des Wertes ausmachen«. Dem Verband der Schweizer Uhrenindustrie ist das zu wenig, sie möchten den Wert auf 80 % erhöhen. Schließlich steht das winzig kleine »Swiss made« auf dem Zifferblatt für eine jahrhundertealte Tradition des Uhrmacherhandwerks. Omega, Longines, Tissot, Mondaine, Swatch, IWC, Rolex und Co. sind die Flaggschiffe der weltweit größten Uhrenindustrie und vorwiegend in der französischen Schweiz zu Hause. Abraham-Louis Breguet (1747–1823) aus Neuenburg gilt als größter Uhrmacher aller Zeiten. Weitere Meilensteine der Entwicklung: 1868 werden in La Chaux-de-Fonds die ersten preiswerten Taschenuhren hergestellt, 1927 präsentiert Rolex die erste wasserdichte Armbanduhr mit Namen »Oyster«, 1967 werden in der Schweiz die ersten Quarzuhren entwickelt und zwei Jahre später bringt ZENITH die erste Uhr mit automatischem Aufzug heraus.

In 30 000 Jahren wird sie höchstens eine Abweichung von einer Sekunde zur aktuellen Zeit aufweisen.

Die Konkurrenz schlief jedoch nicht, fehlende Innovationen und Billig-Konkurrenz aus Asien machten der Industrie schwer zu schaffen. Anfang der 80er-Jahre erschien dann ein gewisser Nicolas Georges Hayek als Retter in der Not. Die von ihm gegründete »Swatch-Group« als Holding vereint 18 Uhrenmarken. Seit 1982 erobert sie mit Luxusprodukten und vor allem auch mit der nicht reparierbaren Billiguhr Swatch mit ungebrochenem Erfolg den Markt zurück. Von der Swatch wurden in den ersten 21 Monaten 3,5 Millionen Stück verkauft. 2007 sie alle, die Uhren, und die Schweizer, die sie tragen. So pünktlich, dass Swatch 2008 einmal mehr zuständig war für die Zeitmessung bei den Olympischen Spielen.

Im Gegensatz zu manchen Schweizern ticken sie meistens richtig, die Schweizer Uhren.

hat die Firma erstmals über eine Milliarde Franken Reingewinn erzielt. Ganz anders macht es der Uhrmacher Thomas Prescher aus Twann im Jura: Er stellt pro Jahr rund 15 Uhren her. Das nennt man dann »Haute Horlogerie«. Ob aus Edelsteinen oder Plastik: Pünktlich sind

Die pünktlichste Uhr der Schweiz steht übrigens im Bundesamt für Metrologie. In 30 000 Jahren wird sie höchstens eine Abweichung von einer Sekunde zur aktuellen Zeit aufweisen. Falls es die Welt und die Zeit bis dann noch gibt.

Schwingen

Als Schweizer Nationalsportarten gelten »Schwingen«, »Steinstoßen« und »Hornussen«. Über Ersteres soll hier berichtet werden. Wann zum ersten Mal geschwungen wurde, ist schwierig zu sagen. In der Lausanner Kathedrale findet sich eine Darstellung mit dem typischen »Griff« aus dem 13. Jahrhundert. Heute gehört der »Hosenlupf« zum festen Bestandteil der Schweizer Festkultur und hat sich zur modernen Sportart entwickelt, die seit 1992 auch von Frauen ausgeübt wird. Schwingen ist eine Abart des Ringens, also ein Zweikampf zwischen zwei kräftigen Gestalten. Die Schwinger in den vorderen Rängen sind denn auch oft in Berufen tätig, die eine gewisse Körperkraft verlangen, beispielsweise Käser, Metzger oder Bauer. Sie können so gleichzeitig arbeiten und trainieren. Will einer aber wirklich ein »Böser« werden – so werden die besten Schwinger genannt –, muss er sich sehr intensiv dem Training widmen. Heute sind an die 100 Schwünge im Schwingerlehrbuch ausführlich festgehalten. Die wichtigsten heißen Brienzer, Bur, Hüfter, Kurz, Übersprung oder Wyberhaagge (Weiberhaken). So heißt übrigens sinnigerweise die Verbandszeitung der Schwingerinnen. Ob bei ihnen der entsprechende Wurf »Männerhaken« heißt, ist uns nicht bekannt.

Der Schwingerkönig erhält keine Prinzessin, sondern einen »Muni« (Stier).

Der Kampf findet auf einem mit Sägemehl gepolsterten Kreis (7–14 Meter Durchmesser) statt. Am Anfang des Ganges (Kampf), der in der Regel fünf Minuten dauert, geben sich die Schwinger die Hand. Das wars dann aber schon an Nettigkeiten. Sie greifen sich gegenseitig an eine kurze Hose aus Jute, die sie über die eigene Hose tragen. Dann versuchen sie, einander mittels oben genannter Schwünge auf den Rücken zu werfen. Der Sieg ist gültig, falls der Unterlegene den Boden mit beiden Schulterblättern berührt und ihn der überlegene Schwinger mit mindestens einer Hand immer noch an der Schwinghose festhält. Weil es sich in der kleinen Schweiz besser leben lässt, wenn sich Sieger und Verlierer bald wieder verstehen, wischt nach dem Kampf der Sieger dem sägemehlübersäten Verlierer den Rücken ab. Wenn es keiner schafft, den anderen zu bodigen, wird der Kampf als »gestellt« gewertet. Für einen perfekten »Plattwurf« wiederum erteilen die einem kleinen Stück unseren Neid auf die glamurösen Monarchien anderer Länder wett. Als Preise für die Schwinger gibt es nicht etwa Geld, sondern Naturalien, wie zum Beispiel eine

Beim Schwingen gehen die Kämpfer einander an die Hose.

Kampfrichter das Maximum von zehn Punkten. Die besten »Bösen« beim Eidgenössischen Schwingfest erhalten einen Kranz und werden als »Eidgenossen« bezeichnet, der Sieger wird zum »Schwingerkönig« erklärt und macht zu →Kuhglocke oder Bauernmöbel. Der Schwingerkönig erhält keine Prinzessin, sondern einen »Muni« (Stier). Falls er Metzger oder Bauer ist, kein Problem. Beim Käser wird es da schon schwieriger.

Schwyzerdütsch

Das Schöne am Schwyzerdütsch ist, dass man es sagen und schreiben kann, wie einem der Schnabel gewachsen ist, Hauptsache, man wird verstanden.

Hochdeutsch, sagt man hierzuland, sei die Sprache des Verstandes, Schwyzerdütsch aber die Sprache des Herzens. Eine Liebeserklärung in Schwyzerdütsch klingt etwa so: »Du min liebschte Schatz, ich ha di gärn und tüüf i mim Härz«. Wenn Sie jetzt meinen, das stamme von Walter von der Vogelweide, dann haben Sie gar nicht so unrecht, denn das Schweizer-deutsche ist ein alemannischer Dialekt und als solcher nicht sehr weit vom Mittelhochdeutschen entfernt. Diverse Lautverschiebungen fehlen, ein Haus ist hier noch ein »Huus«, Zeug ist »Züüg«, weit ist »wiit« und eine Maus ist eine »Muus«. Aber aufgepasst: Das Mus ist ein »Mues«, und korrekterweise ist eine kleine Maus ein »Müsli«, ein »Müesli« ist ein kleines Mus. Seien Sie also vorsichtig beim Bestellen eines →Birchermüsli, vor allem, wenn Sie Vegetarier sind.

Schwyzerdütsch ist eine gesprochene Sprache. Das mit dem Verstandenwerden ist allerdings so eine Sache, denn jede Schweizerin und jeder Schweizer spricht wieder ein anderes Schweizerdeutsch. Manche Begriffe variieren sogar von einem Dorf zum nächsten. Im Internet kann man mit dem so genannten →Chuchichäschtli-Orakel anhand der Aussprache von zehn Begriffen ermitteln, aus welchem Dorf man stammt. Sehr exotisch klingt zum Beispiel das Walliserdeutsch. Dort scheint man noch eine Lautverschiebung hinter dem Rest der Schweiz zurück zu liegen. Bauen wird dort beispielsweise zu »büüwä«, dem Rest der Schweiz – von den Wallisern übrigens »Üsserschwyz« genannt – steht dann ein Fragezeichen im Gesicht. Wohl gerade wegen diesem Exotenbonus hört und sieht man immer mehr Walliser als Moderatoren in Radio und Fernsehen, auch wenn man sie kaum versteht.

Sehr beliebt ist der Berner Dialekt, er klingt weich, melodiös und gemütlich. Berner Rocksänger wie Polo Hofer und Gölä und Bands wie »Züri West« gehören zu den erfolgreichsten der Schweizer Mundart-Musikszene. Von letzterer Band stammt das vielleicht schönste Liebeslied der Schweiz, mit dem Titel »I schänke dr mis Härz«, womit wir wieder bei Walter von der Vogelweide wären.

möglichst gutes Hochdeutsch zu sprechen (→Emil). Wenn Deutsche wiederum versuchen, Schweizerdeutsch zu sprechen, empfehlen wir zuerst einmal ein → Ricola Kräuterbonbon für den folgenden Probesatz: »Chasch s Kafichacheli,

Hat mit Songs in Berner Mundart die Schweiz erobert: Rocksänger Gölä.

Übrigens: Wenn Sie meinen, Sie verstehen sehr gut Schweizerdeutsch, versucht der Schweizer, der mit ihnen spricht, wahrscheinlich gerade, ein

wo im Chuchichäschtli staht, no abtröchne?« Zu hochdeutsch: »Magst du das Kaffeetässchen, das im Küchenkästchen steht, noch abtrocknen?«

Seldwyla

»Seldwyla bedeutet nach der älteren Sprache einen wonnigen und sonnigen Ort, und so ist auch in der Tat die kleine Stadt dieses Namens gelegen irgendwo in der Schweiz. Sie steckt noch in den gleichen alten Ringmauern und Türmen, wie vor dreihundert Jahren, und ist also immer das gleiche Nest.«

Zeichnung von H. Hinze zu »Die drei gerechten Kammacher«, einer Novelle aus: »Die Leute von Seldwyla«

So beginnt die Beschreibung von Seldwyla. Der Schweizer Schriftsteller Gottfried Keller (1819–1890) schuf mit dem Novellenzyklus »Die Leute von Seldwyla« eine wunderbar karikierte und deshalb beängstigend präzise Beschreibung des typischen Schweizer Kleinstädtchens und seiner typisch schweizerischen Bewohnerinnen und Bewohner. Wer heute von »Seldwyla« spricht, meint also einen dieser Orte, natürlich aber nie den Ort, aus dem er selber herkommt.

Seldwyla liegt »mitten in grünen Bergen, die nach der Mittagseite zu offen sind, so dass wohl die Sonne herein kann, aber kein raues Lüftchen.« Die Seldwyler leben »sehr lustig und guter Dinge, halten die Gemütlichkeit für ihre besondere Kunst und, wenn sie irgendwo hinkommen, wo man anderes Holz brennt, so kritisieren sie zuerst die dortige Gemütlichkeit und meinen, ihnen tue es doch niemand zuvor in dieser Hantierung«, schreibt Keller.

Die jungen Seldwyler lassen gern die anderen für sich arbeiten und schieben ansonsten ihre Schulden hin und her, was »die Grundlage der Macht, Herrlichkeit und Gemütlichkeit der Herren von Seldwyla bildet und mit einer ausgezeichneten Gegenseitigkeit und Verständnisinnigkeit gewahrt wird« (→Bankgeheimnis). Des Weiteren sind die Seldwyler »leidenschaftliche Parteileute, Verfassungsrevisoren und Antragsteller, und wenn sie eine recht verrückte Motion ausgeheckt haben und durch ihr Großratsmitglied stellen lassen, oder wenn der Ruf nach Verfassungsänderung in Seldwyla ausgeht, so weiß man im Lande, dass im Augenblicke dort kein Geld zirkuliert« (→direkte Demokratie).

»In einer so lustigen und seltsamen Stadt«, so Keller, »kann es an allerhand seltsamen Geschichten und Lebensläufen nicht fehlen, da Müßiggang aller Laster Anfang ist.« In den einzelnen Novellen, darunter so wunderbare Erzählungen wie »Pankraz, der Schmoller«, »Romeo und Julia auf dem Dorfe«, »Die drei gerechten Kammmacher« und »Kleider machen Leute« berichtet er von den Seldwylern und ihren liebenswerten Macken und Schicksalen.

Da bleibt uns nur, Ihnen die Lektüre wärmstens ans Herz zu legen, und wenn Sie glauben, Ihre Stadt oder gar sich selber darin zu erkennen, so können Sie ja leichten Herzens sagen: »Seldwyla? Das liegt doch irgendwo in der Schweiz, oder?!«

Mit Seldwyla schuf Gottfried Keller eine wunderbare Karikatur der Schweizer Kleinstadt.

St. Moritz

Der Hotelpionier Johannes Badrutt wettete im September 1864 mit vier Engländern, ob sie es aushalten, einen ganzen Winter in St. Moritz zu verbringen. Gratis, wohlverstanden. Falls es ihnen nicht gefalle, würde er ihnen die Reisekosten nach London bezahlen. Die Engländer ließen sich nicht zweimal bitten, blieben von Weihnachten bis Ostern und begründeten den legendären Ruf von St. Moritz als eine der Topdestinationen des Wintersports. »Badrutt's Palace« ist heute neben Suvretta House, Kulm, Carlton und Kempinski eines der Luxushotels in der Bergstadt St. Moritz, auf 1856 Metern Höhe gelegen, rund ums Ufer des St. Moritzersees im Oberengadin. 5000 Menschen leben ganzjährig dort, während der Hochsaison schwillt der Ort mit rund 30 000 Gästen zur mittleren Kleinstadt an. Früher sprudelten weithin vernehmbar die Heilquellen, heute ist es vornehmlich der Champagner. Und im Abwasser wird eine der höchsten Mengen von Kokainrückständen weltweit gemessen. Nirgends in der Schweiz tragen die Superreichen ihren Superreichtum so schamlos und ungestört zur Schau wie in St. Moritz. Sei es bei den Pferde-Polo-Turnieren auf dem gefrorenen See, beim »Snow&Symphony«-Festival oder bei den rauschenden Silvesterpartys: Der Jetset ist da zum Sehen und Gesehenwerden. Der Slogan »St. Moritz – TOP OF THE WORLD« ist mittlerweile markenrechtlich geschützt und so kann fast nichts mehr die Festlaune trüben, außer einer gesperrten Kreditkarte. Den Rest des Jahres ist St. Moritz dann ein nicht sehr ansehnliches Dorf, in dem links und rechts neben der Dorfbäckerei Escada- und Armanishops stehen. 37 % der Bevölkerung sind Ausländer, vor allem Italiener und Portugiesen. Viele von ihnen arbeiten in den Hotels und können so manche Geschichte erzählen. Zum Beispiel Dolores Rodrigues aus Coimbra, die einem Reporter der Zeitschrift »Das Magazin« erzählte, man merke manchmal gar nicht, wen man da bediene, bis plötzlich der Chef hinter einem stehe

Für den Rest des Jahres ist St. Moritz dann ein nicht sehr ansehnliches Dorf.

und flüstere: »Der Kaffee dieses Paars ist offeriert. Die haben für 25 000 Franken Whisky gekauft.« Eine Summe, die fast ihrem Jahreslohn entspricht. Oder von den vier Russen, die ihre vier Privatskilehrer zu einem kleinen Absacker einladen und dafür einen der teuersten Weine überhaupt bestellen, einen Domaine Romanée-Conti Monopole 1996, die Flasche zu 8 500 Franken, verteilt auf acht Gläser, zwei Schlucke, und weg. Wer flüchten will vor dieser Welt, der geht ins Segantini-Museum die Landschaftsbilder von Giovanni Segantini bewundern, der wie kein Zweiter das einzigartige Licht im Engadin einzufangen wusste. Und dieses Licht bleibt, wenn all die Sternchen schon lange verschwunden sind.

Die Lichter glühen, die Sternchen glänzen: St. Moritz by night

Tell, Wilhelm

Wilhelm Tell ist sagenhaft in jeder Beziehung, denn Wilhelm Tell gibt es nicht, Wilhelm Tell ist eine Erfindung. Eine schweizerische und deshalb von so guter →Qualität, dass wir alle an ihn glauben. Der Chronist Aegidius Tschudi verdichtete um 1570 verschiedene Versionen der Tell-Erzählung zu einer Sage. Friedrich Schiller stellte 1804 sein letztes Drama mit dem Titel Wilhelm Tell fertig und verhalf ihm so zur weltweiten Bekanntheit und zum Titel des Nationalhelden der Schweiz. Wir befinden uns an der Wende vom 13. zum 14. Jahrhundert in der Innerschweiz. Der habsburgische Landvogt Gessler lässt in Altdorf einen Hut auf eine Stange stecken und befiehlt den schweizerischen Untertanen, diesen zu grüßen, wenn sie an ihm vorübergehen. Obwohl Tells Sohn Walter gemäß Schiller seinen Vater mit den Worten: »Ei, Vater, sieh den Hut dort auf der Stange« auf die Kopfbedeckung aufmerksam macht, verweigert dieser den Gruß. Der Vogt befiehlt ihm daraufhin, mit der Armbrust einen Apfel von Walters Kopf zu schießen. Tell tut widerstrebend, wie ihm geheißen, und trifft den Apfel. Auf die Frage des Vogts, wozu er einen zweiten Pfeil eingesteckt habe, antwortet Tell, um ihn zu töten, falls er sein Kind getroffen hätte. Tell wird verhaftet, gefesselt und per Boot auf Vogts Burg in Küssnacht am →Rigi gebracht. Auf dem →Vierwaldstättersee stürmt es aber derart, dass Tell losgebunden wird, um das Schiff zu steuern. Er lenkt es gegen das Ufer, wo der Axen (Steilwand) in den Himmel ragt, und springt auf eine hervorragende Felsplatte, welche noch heute Tellsplatte heißt. Er eilt über das Gebirge nach Küssnacht, erwartet den Vogt in einem Hohlweg, denkt: »Durch diese hohle Gasse muss er kommen«, und erschießt ihn mit der Armbrust. Gesslers letzte Worte: »Das ist Tells Ge-

Der Mann im modischen Kapuzenshirt ist der Schweizer Nationalheld. Telldenkmal in Altdorf.

»Die Axt im Haus erspart den Zimmermann«, schrieb Schiller. Ausschnitt aus einem Gemälde namens »Tell als Familienvater«

schoss.« Von Tells weiterem Leben wird berichtet, dass er 1315 in der berühmten Schlacht bei Morgarten mitgekämpft und 1354 beim Versuch, ein Kind zu retten, umkam. Seine Legende lebt munter weiter und macht Karriere: Schillers Drama war Goebbels Lieblingsstück, die DDR brauchte es als Propaganda gegen den Westen.

Die Sage um den Apfelschuss ist übrigens eine uralte germanische Volkssage, die auch in persischen, dänischen, norwegischen und isländischen Geschichten vorkommt. →Max Frisch schrieb 1970 mit »Wilhelm Tell für die Schule« eine eigene »Version« und demontiert darin den Mythos Tell. Nichtsdestotrotz soll 2010 in Luzern ein Hollywoodfilm mit dem Titel »The Adventures of William Tell« uraufgeführt werden. Die Frau von Tell spielt Kiera Chaplin, die Enkelin von Charlie. Wer die Hauptrolle übernimmt, steht noch nicht fest. Wir schlagen James Bond vor, als neuste Variante des einsamen Actionhelden im Kampf gegen das Böse.

Toblerone

Das Wichtigste vorweg: Dass die Toblerone ihre Form vom →Matterhorn hat, ist falsch, oder mit anderen Worten ein Marketingtrick. Und dass das Matterhorn seine Form von der Toblerone hat, ist ebenso falsch. Denn das Matterhorn ist ein paar Millionen Jahre alt, die Toblerone wurde kürzlich gerade mal 100. Theodor Tobler stieg mit 18 Jahren in das Konfiseriegeschäft seines Vaters ein, gründete 1899 die Schokoladefabrik Tobler&Co. und dachte von Anfang an in großen Dimensionen. Er produzierte für den Export und war sich der Wichtigkeit von →Qualität und Marketing bewusst. Um zu schauen, was denn die Konkurrenz so treibt, schickte er seinen Cousin Emil Baumann ins Elsass. Der kam 1908 mit einer Mandel- und Honigmischung mit dem Namen Nougat de Montélimar zurück. Die beiden verschwanden noch gleichentags in der Tobler'schen Küche und fingen an, mit dem neuen Rohstoff zu experimentieren. Der Rest ist Erfolgsgeschichte. Bleibt noch die Frage mit dem Dreieck: Enkel Andreas Tobler, Autor des Buches »100 Jahre Toblerone«, hat festgestellt, dass das Matterhorn erst 1920 in der Toblerone-Werbung auftauchte. Vorher war das Firmenlogo, ein Adler mit einer Berner und einer Schweizer Flagge in den Krallen, auf der Verpackung abgebildet. Das Dreieck wiederum steht bei den Freimaurern, zu denen Theodor Tobler gehörte, als Flammensymbol für das Licht der Erkenntnis und das Gute. Und dass Toblerone gut ist, erkennt man ja sogar im Dunkeln. Die zweite Variante ist allerdings auch nicht schlecht: Theodor Tobler soll 1906 in einem Pariser Revuetheater gewesen sein und dort hätten die Tänzerinnen, kurz bevor der Vorhang fiel, als Schlussbild eine Pyramide gebildet. Von da an sei Tobler von der

Ihr ist die Toblerone wohl zu Kopf gestiegen. Besser ist es, sie zu essen.

Dreieckform besessen gewesen. Ob Matterhorn, Freimaurer oder Tänzerinnenpyramide, Tatsache ist, dass die Toblerone einen einzigartigen Wiedererkennungseffekt hat, der sie rund um die Welt berühmt machte. Schon vor dem Ersten Weltkrieg gab es in Neuseeland Toblerone zu kaufen und im Krieg selber erlebte der Schokoladenexport einen bis heute nie mehr erreichten Höhepunkt. Der bekennende Pazifist Theodor Tobler hat den Soldaten das Kriegen versüßt. Wirtschaftskrise und Zweiter Weltkrieg brachten die Toblerone dann an den Rand des Niedergangs. Erst als die Schokolade auch für die Massen erschwinglich wurde, besserten sich die Zeiten wieder. Die Toblerone wanderte vom »Milka«-Hersteller Suchard über den Unternehmer Klaus J. Jacobs schließlich in die Hände von Philip Morris und seiner Nahrungsmittelgruppe Kraft Foods. Sie wird heute ausschließlich in der Schweiz produziert und in 120 Länder vertrieben und etwa so oft gegessen, wie das Matterhorn fotografiert wird.

Zwei Weltmarken auf einem Foto,

Viamala

»Viamala« heißt so viel wie »schlechter Weg«. Schlecht wird Ihnen vielleicht auf der Viamala, im →Postauto von Chur via San Bernardino nach Bellinzona oder im Auto Richtung Splügenpass und Chiavenna. Schlecht wird Ihnen vielleicht auch, wenn Sie an die vielen Toten denken, die es einst gab, als die Fuhrmannsleute auf dem Weg vom Tessin über die Alpen auf der Viamala verunglückten und in die tiefe Schlucht stürzten. Heute ist die Straße zwischen Thusis und Zillis weit besser ausgebaut und sicherer zu befahren, wenn nicht gerade irgendwelche verrückten Engländer bei einer Raser-Rally über die Alpen preschen.

Auch Goethe reiste durch: Die Vialmala auf einem Stahlstich aus dem 19. Jahrhundert

Die Viamala-Schlucht wurde vom Hinterrhein gegraben und ist über eine Treppe mit 321 Stufen zu erreichen. Auf der alten Säumerroute, die von den Römern bereits 1500 v. Chr. genutzt wurde, kann die Viamala von Thusis aus durchwandert werden. Die Felszeichnungen von Carschenna aus der Bronzezeit zeugen von den Anfängen des abenteuerlichen Weges. Im Mittelalter verlagerte sich der Fernverkehr vom Splügenpass auf den Septimerpass, der Weg am Hinterrhein wurde nicht mehr unterhalten und verfiel zusehends. Die Gemeinden Masein, Cazis und Thusis einigten sich deshalb im Jahr 1473, »die richstrass und den waeg entzwüschend Tusis und Schams, so man nempt Fyamala zuo howen, uffzuorichten und ze machen«. Gesagt, getan. Teils wurde die Route aus dem Fels gehauen, teils auf Holzstegen über dem schwindelerregenden Abgrund angelegt. Die Splügenroute durch die Viamala wurde wieder zur wichtigsten Bündner Transitverbindung. Eine 1739 erstellte Brücke hat sich bis heute erhalten. Im Mai 1788 reiste Goethe durch die Viamala. Zwar hinterließ er von dieser Reise mehrere Tuschezeichnungen und Bleistiftskizzen, aber keine literarischen Spuren. Angesichts des engen Tals hat es ihm der Kirche St. Martin in Zillis ist eine Bilderdecke aus dem frühen 12. Jahrhundert zu bestaunen. Dafür lohnt es sich auf jeden Fall, für eine halbe

Szene mit Anita Höfer und Christine Kaufmann aus der deutschen Via-Mala-Verfilmung von 1961 (Regie Paul May).

wohl die Sprache verschlagen. John Knittel veröffentlichte hingegen 1934 einen Roman mit dem Titel »Via Mala«. Die Geschichte spielt im fiktiven Dorf Andruss, mehrere Protagonisten kommen im Verlauf vom »rechten Weg« ab. In Stunde vom »schlechten Weg« abzukommen, innezuhalten und sich bewusst zu werden, dass es auch heute nicht selbstverständlich ist, heil anzukommen.

Vier Landessprachen

Böse Zungen behaupten, die Schweiz habe nur darum vier Landessprachen, damit keiner den anderen versteht und so das →Bankgeheimnis bewahrt bleibt. Tatsache ist, dass die Schweiz vier offizielle Sprachen hat: Deutsch, Französisch, Italienisch und Rätoromanisch. →Schwyzerdütsch schwätzed etwa 63 %, ein Fünftel der Schweizer parle français und lebt vornehmlich in der Romandie, dem Westen des Landes, 6,5 % parlano italiano nel Ticino und rund 35 000 Menschen, vor allem im Kanton Graubünden zu Hause, discurren rumantsch. Und so kommt es, dass jedes Gesetz, jeder offizielle Beschluss und auch jede Milchpackung in der Schweiz vier- oder mindestens dreisprachig verfasst und beschrieben ist. »Milch Lait Latte« heißt das dann und vermittelt jeder Schweizerin und jedem Schweizer von Kindesbeinen an, in einem multikulturellen Staat zu wohnen. Tatsächlich macht die Schweiz mit ihren vier Sprachen und Kulturen der EU schon lange vor, wie es geht, friedlich und föderalistisch und noch dazu auf engstem Raum zusammen zu existieren. Zugegeben, so friedlich auch wieder nicht. Denn wenn die Romands in einer nationalen Abstimmung mehrheitlich für die außenpolitische Öffnung der Schweiz stimmen, von den konservativen Deutschschweizern aber überstimmt werden, dann wird der so genannte →Rösti-Graben wieder ein paar Meter tiefer. Aber dann rauft man sich wieder zusammen, denn ohne einander geht es eben doch nicht. Und der Vorteil: Man kann in der Schweiz sozusagen ins Ausland verreisen, ohne das Land zu verlassen. Die Romandie ist es ein bisschen Frankreich, der Tessin ein bisschen Italien.

Seit neustem gibt es darum die Kunstsprache »Rumantsch grischun«, die zwar niemand spricht, die aber alles auf einen gemeinsamen Nenner zu bringen versucht.

Die Rätoromanen wiederum haben den Exotenbonus innerhalb der Schweiz und kämpfen erfolgreich für die Erhaltung ihres Idioms. Dieses wiederum ist ähnlich zerklüftet wie die Bergregion, in der es gesprochen wird: Rätoromanisch gibt es in den fünf Versionen Sursilvan, Sutsilvan, Surmiran, Puter und Vallader und »sprechen« heißt darin dann »dascurer«, »discorrer« oder

»discuorrer«. Seit neustem gibt es darum die Kunstsprache »Rumantsch grischun«, die zwar niemand spricht, die aber alles auf einen gemeinsamen Nenner zu bringen versucht und entsprechend umstritten ist.

als Erstes einmal Hochdeutsch lernen, als nächste und erste richtige Fremdsprache wird Französisch gelehrt. Die »fünfte Landessprache« ist allerdings das Englische, das mit den anderen vier hart konkurriert. Und so kann es

... und auf romanisch heisst es »latg«. Dreisprachig angeschriebene Schweizer Milchpackung

Dank der Viersprachigkeit haben die Schweizer ein sehr offenes Verhältnis zu Fremdsprachen. Die Deutschschweizer müssen an den Schulen schon einmal vorkommen, dass ein Zürcher in einer Genfer Bäckerei steht und auf Englisch ein Brot bestellt.

Vierwaldstättersee

Stellen Sie sich vor, es ist ein warmer romantischer Sommerabend und Sie gleiten an Bord eines Raddampfers oder Salon-Motorschiffes von →Luzern in rund dreieinhalb Stunden über den Vierwaldstättersee nach Flüelen (Kanton Uri). Beim gepflegten Abendessen im Erstklassdeck ziehen backbord und steuerbord gemächlich verträumte Buchten, schmucke Dörfer und so geschichtsträchtige Orte wie das →Rütli und die Tellsplatte vorbei. Auf Ihrer Fahrt werfen Sie einen Blick auf die im Abendrot glühenden Gipfel von →Pilatus und →Rigi und bemerken nebenbei, dass Sie vier verschiedene Kantone passieren. Luzern, Uri, Unterwalden und Schwyz. Diese werden zum Teil heute noch »Waldstätte« genannt und geben dem See seinen Namen. Seine Gesamtfläche beträgt 114 Quadratkilometer. An seiner tiefsten Stelle ist er 214 Meter tief. Er wurde am Ende der letzten Eiszeit vor 12 000 Jahren vom Reussgletscher geformt und die Reuss ist denn auch der Abfluss des Sees in Luzern. Die spezielle Form des Sees, und der Anstoß an die vier Kantone, verlangt eine Aufteilung in verschiedene Gebiete. So wird bei Luzern vom Luzerner See, bei Uri vom Urnersee, vom Gersauer und vom Vitznauerbecken und bei Küssnacht vom Küssnachter See gesprochen. Auf dem See bricht derweil die Nacht herein und Sie küssen Ihre Begleitung sanft auf die Wange. Dann trinken Sie einen kräftigen Schluck Wasser aus der PET-Flasche, die Sie zuvor an einem Brunnen in Luzern aufgefüllt haben. Das gleiche Wasser ist dann in und unter Ihnen, denn der See dient als wichtiges Trinkwasserreservoir. Schmeckt es leicht nach Blei, könnte dies folgende Ursache haben: Zwischen 1918 und 1967 entsorgten Schweizer Munitionsfabriken

Die Wiege der Eidgenossenschaft: Der Vierwaldstättersee ist gesäumt von historischen Orten.

ihre Produktionsabfälle unter anderem im Vierwaldstättersee. In 200 Metern Tiefe liegen im Urnersee 2800 Tonnen, im Gersauerbecken 530 Tonnen Munition. Von den 35 unterschied-

lichen Substanzen in den alten Geschossen werden acht als ökologisch gefährlich eingestuft (unter anderem Blei, Quecksilber und Dinitrobenzol). Obwohl angeblich bis heute keine toxischen Stoffe aus den Abfällen entwichen sind, ist ungewiss, wie sich dies in Zukunft entwickeln wird. Eine Bergung der Munition wäre aufgrund der großen Tiefe zu teuer und zu gefährlich, da Schwefel-, Stickstoff- und Phosphor-Verbindungen in den Sedimenten aufgewirbelt werden könnten. Vielleicht trinken Sie mit Ihrer Begleitung lieber ein Glas Rotwein und verlassen das Schiff in Flüelen leicht schwankend, trunken von der Schönheit der Reise.

Leider nicht im Bild: Die Munitionsabfälle auf dem Grund des Sees

Zermatt

Zermatt liegt auf 1608 Metern über dem Meer, hat mit 5600 etwa gleich viele Einwohner wie →St. Moritz und wird mit seinen 15 000 Gästebetten ebenso wie der Engadiner Nobelort in der Hochsaison zur Kleinstadt. Der große Unterschied zu St. Moritz: Zermatt ist autofrei. In den Ort kommt man per Bahn und im Ort selber sind nur Elektrofahrzeuge oder Pferdekutschen unterwegs. Das gibt dem Kurort am Ende des Walliser Mattertals einen angenehm unaufgeregten Anstrich. Zumal sich die Zermatterinnen und Zermatter ohnehin bewusst sind, dass sie ohne »ds Horu« ein ganz normales Bergdorf wären. »ds Horu« ist, in Walliserdeutsch, das →Matterhorn. Und das stellt in Zermatt, bei entsprechendem Sonnenstand, alle und alles in den Schatten. Auf seinen Gipfel führt keine Kutsche und kein Elektrotaxi, den muss man zu Fuß erklimmen. Bis aufs Klein-Matterhorn allerdings kann man mit der Bergbahn fahren und gelangt in 3820 Metern Höhe auf den »höchsten Aussichtspunkt Europas«.

Heile Welt und saubere Luft. Trachtenfrau im autofreien Zermatt

Das Ganze nennt sich »Matterhorn glacier paradise« und ist als Sommerskigebiet bekannt. Daneben gibt es rund um Zermatt noch das »Rothorn paradise« und das »Schwarzsee paradise«. Im Winter legt sich der Schnee wie ein Feigenblatt über die Gegend. Dass die Landschaft allerdings jegliche Unschuld verloren hat, sieht man erst, wenn der Kunstschnee weg ist und die Pistennarben und Bergbahnmasten bleiben. Den Verzicht auf die Autos macht Zermatt mit den Helikoptern locker wieder wett: Wer keine Lust auf die bevölkerten Skipisten und genug Geld in der Tasche hat, lässt sich von der »Air Zermatt« per Heli-Skiing zum Preis von 365 Franken auf 4200 Meter hoch fliegen und hat eine 16 Kilometer lange Abfahrt vor sich. Wer dann nach ein paar Schwüngen im Tiefschnee stecken bleibt, kann sich vom gleichen Helikopter per Bergrettung wieder runterfliegen lassen. Auch in Sachen Events kann Zermatt durchaus mit St. Moritz oder Davos mithalten: Vom Golf- bis zum Tennisturnier, vom klassischen bis zum Unplugged-Rock-Festival ist für alle etwas dabei. Und wer Sehnsucht hat nach dem kleinen Bauerndorf, das Zermatt einmal war, geht ins Matterhorn-Museum und setzt sich dort auf den nachgebauten Dorfplatz, im so genannten versunkenen Dorf mit Namen »Zermatlantis«.

Zermatt, ein einziges großes Souvenir.

Im Museumsshop kann man dann eine Ansichtskarte davon kaufen und hinten drauf schreiben: »Viele Grüße aus dem heimeligen Zermatt!«

Zürcher Bahnhofstrasse

Die Zürcher Bahnhofstrasse ist, das kann man mit Fug und Recht behaupten, die teuerste Straße der Welt. Sie ist 1,4 Kilometer lang und führt vom Zürcher Hauptbahnhof bis zum Bürkliplatz am Zürichsee. Mit Rekordwerten von bis zu 7500 →Schweizer Franken pro Quadratmeter sind die Mieten an der Bahnhofstrasse die höchsten im ganzen deutschsprachigen Raum. Für rund 5500 Franken pro Monat gibt es also ein drei mal drei Meter großes Geschäft im Erdgeschoss. Zum Vergleich: Die Mieten auf Deutschlands teuerstem Pflaster, der Kaufingerstraße in München, sind gerade mal halb so hoch. Nicht nur die Mieten sind in Zürich top, auch die Umsätze: Nur in New York und Hongkong werden ähnliche Summen erzielt wie an der Bahnhofstrasse. Der Geldverkehr verhält sich quasi umgekehrt proportional zum Autoverkehr, denn die Bahnhofstrasse wird praktisch ausschließlich von Trams befahren. An Stelle der Bahnhofstrasse lag bis ins 19. Jahrhundert der Fröschengraben, der zur Stadtbefestigung gehörte. 1865 wurde die damals noch ungepflästerte Bahnhofstrasse eröffnet. Heute hat alles, was in der Geschäftswelt Rang und Namen hat, ein Verkaufslokal an der Straße. Von Swarovski bis Cartier, von Chanel bis Louis Vuitton, von Armani bis Omega. Die wenigen ursprünglichen Zürcher Familienbetriebe wie das Uhrengeschäft Türler werden von den globalen Ketten immer mehr verdrängt.

Fast eine ganz normale Straße: die Bahnhofstrasse in Zürich

Im Zentrum der Bahnhofstrasse liegt der Paradeplatz, mit dem Sitz der zwei Schweizer Großbanken UBS und Credit Suisse. Und als ob oberirdisch nicht schon genug Geld auf der Straße liegen würde, befinden sich unter dem Paradeplatz die Tresore der Schweizer Nationalbank. Dort lagern deren Goldreserven, die bekanntlich aus nicht immer nachvollziehbaren Quellen stammen, Stichwort Raubgold. Um ein bisschen von den düsteren Kapiteln des hiesigen Bankenplatzes abzulenken, heißt die Spezia-

Keine Luxusmarke ohne Geschäftslokal. An der Bahnhofstrasse haben sie alle ihren Sitz.

lität der edlen Confiserie Sprüngli am Paradeplatz »Luxemburgerli«. Damit diese wie auch alle anderen teuren Produkte an der Bahnhofstrasse im richtigen Glanz erscheinen, wird alljährlich eine Weihnachtsbeleuchtung über die Straße gehängt. Während Jahren war es eine Art Lichterregen mit Tausenden von kleinen Lämpchen, seit 2005 sind es hängende, röhrenförmige Leuchtdioden, deren Licht computergesteuert ist und in Wellen über die Straße gleitet. Vielen Zürcherinnen und Zürchern ist dieses Lichtspiel zu kalt und unnatürlich. Sie lassen sich offensichtlich lieber vom glänzenden Schein der Bahnhofstrasse blenden.

Zürcher Geschnetzeltes

Beim Zürcher Geschnetzelten, sprich »Züri Gschnätzlets«, handelt es sich nicht um den mittelalterlichen Zürcher Bürgermeister Hans Waldmann nach seiner Enthauptung 1489. Es ist auch nicht der Reformator →Huldrych Zwingli, dessen Leichnam gevierteilt worden war. Ebenso wenig bezeichnet es die Profiradfahrer nach einem Sturz bei der traditionellen Meisterschaft von Zürich (»Züri Metzgete«). Sondern es ist der Name des berühmtesten Gerichtes der Schweizer Metropole. Dafür wird geschnetzeltes, also in kleine dünne Stücke geschnittenes Kalbfleisch verwendet, gemischt mit Kalbsnierenstücken, dazu kommt eine helle Sauce mit Rahm [Sahne], Weißwein und Champignons. Als Beilage dient bevorzugt eine →Rösti, möglich sind auch Nudeln oder Reis. Das edelste »Züri Gschnätzlets« gibt es in Zürich im traditionsreichen Restaurant Kronenhalle. Dort kostet es satte 52 →Schweizer Franken. Als Horsd'oeuvres auf der Speisekarte zu finden sind auch 50 g iranischer Kaviar für 600 Franken.

Am besten schmeckt das Zürcher Geschnetzelte natürlich mit Rösti.

Zu fragen bleibt, was wohl →Max Frisch und →Friedrich Dürrenmatt dazu sagen würden, die oft in der Kronenhalle anzutreffen waren. Sie würden sich vermutlich ans Geschnetzelte halten.

Das Gericht in der heutigen Form taucht erst Mitte des 20. Jahrhunderts in den Kochbüchern auf. Vorher fehlte dabei meist die Champignon-Rahmsauce. Etwa 100 Jahre älter ist der bekannteste Zürcher Volksbrauch, das »Sächsilüüte«. Am dritten Montag im April wird auf einem Platz am See ein mit Sprengkörpern versetzter Schneemann punkt 18 Uhr auf einem großen Holzstoß verbrannt, um den Frühling einzuläuten. Zuvor ziehen die Zürcher Zünfte in einem Umzug unter anderem durch die →Zürcher Bahnhofstrasse zu diesem Schneemann, genannt »Böögg«. Die Zunftgruppen bestehen ausschließlich aus Männern, die Frauen dürfen zuschauen und bestenfalls als Ehrengast mitmarschieren, sofern sie zum Beispiel →Bundesrätin sind. Abends besuchen sich dann die Zunftgesellschaften gegenseitig in ihren Zunfthäusern und essen ein zünftiges Zürcher Geschnetzeltes. Auch Berühmtheiten wie die Wahlzürcherin Tina Turner oder Nobelpreisträger Al Gore sollen es gekostet und genossen haben. Und falls Sie, liebe Leserinnen und Leser, Ihr »Züri Gschnätzlets« in der Kronenhalle essen, dann hoffen wir, dass es Sie beim Betrachten der Rechnung nicht »schnätzlet«. Das ist →Schwyzerdütsch und heißt so viel wie völlig unkontrolliert stürzen.

Hier kostet es am meisten: Im Edellokal »Kronenhalle« in Zürich, wo schon Frisch und Dürrenmatt verkehrten.

Zwingli, Huldrych (1484–1531)

Er kam am Neujahrstag 1484 in Wildhaus im St. Gallischen Toggenburg zur Welt und neu waren auch die Ideen, die er in die Welt setzte. Huldrych Zwingli gilt neben dem Genfer Jean Calvin als der große Schweizer Reformator. Nach Theologiestudien in Wien und Basel trat er in Glarus eine Pfarrstelle an. Als Feldprediger begleitete er Schweizer Söldner nach Italien, unter anderem 1515 zur Schlacht von Marignano. Diese Erfahrungen machten ihn zum heftigen Gegner des Söldnertums.

Die Chorherren vom Großmünster Zürich wählten 1519 den ehrgeizigen und gebildeten Zwingli zum neuen Priester, obwohl er in Einsiedeln eine Liaison mit einer Frau gehabt hatte. Sein Konkurrent allerdings hatte noch schlechtere Karten, er hatte mit einer Geliebten sechs Kinder. Eine überstandene Pestepidemie im ersten Amtsjahr, die 7000 Menschen oder eine Viertel von ganz Zürich das Leben kostete, führte ihn endgültig zur Überzeugung, dass allein Gottes Gnade den Menschen erlösen kann. Diese Gnade wiederum wird in der Bibel belegt. Folgerichtig soll der biblische Text, so Zwingli, in allen kirchlichen und religiösen Fragen entscheidend sein. Und so begann er, gegen alles anzupredigen, was seiner Meinung nach »nichtbiblisch« war: Heiligen-, Reliquien- und Bilderverehrung, Eucharistie und Zölibat. Als er mit der Teilnahme an einem öffentlichen Wurstessen das Fastengebot verletzte, war sein Tun der katholischen Kirche endgültig nicht mehr Wurst (→Cervelat). Papst Hadrian VI. erteilte ihm ein Kanzelverbot und forderte den Rat der Stadt dazu auf, Zwingli als Ketzer zu ächten. Dieser fasste daraufhin in 67 Artikeln seine reformatorischen Erkenntnisse zusammen. Entgegen der Weisung Hadrians beschloss der Rat der Stadt, Zwinglis Reformen durchzusetzen, und schaffte die Bilder in der Kirche ab: »Das usswendige Bööggenwerk (der Kirchenschmuck) ist nüt dann ein bschiss«, meinte der Reformator. 1522 heiratete Zwingli Anna Reinhart und tat damit, was sich so manch anderer Priester nicht getraute: Er machte eine bis dahin heimliche Beziehung öffentlich und legal.

Die Eidgenossenschaft spaltete sich in der Konfessionsfrage, es kam zum offenen Bürgerkrieg zwischen den katholischen und reformierten Kantonen. Zwingli starb 1531 im 2. Kappeler Krieg, als Soldat seiner Reformbestrebungen. werden, spricht man gern vom »zwinglianischen Geist«, von der biederen Zwingli-Stadt. Da fragen wir uns aber, was man denn von den zahl-

Er bezahlte seinen reformatorischen Eifer mit dem Leben. Zwingli war der Luther der Schweiz.

Sein Leichnam wurde gevierteilt und verbrannt. Wenn in Zürich heutzutage Sperrstunden oder ähnliche »lustfeindliche« Verordnungen erlassen reichen katholischen Priestern halten soll, die sich auch 500 Jahre nach Zwingli noch nicht getrauen, zu ihren Beziehungen zu stehen.

Die Autoren

Rickert, Anna-Katharina (1973) und
Schlatter, Ralf (1971)

Die Autorin und der Autor dieses Buches leben als freie Kabarettisten in Zürich. Seit dem Jahr 2000 beleben sie unter dem Namen »schön&gut« die Schweizer Kabarett- und Kleinkunstszene. Mit ihrem ersten Bühnenprogramm »Eine Liebesgeschichte« gewannen sie 2004 auf Anhieb den »Salzburger Stier«, eine der wichtigsten Auszeichnungen auf diesem Gebiet im deutschsprachigen Raum. 2006 hatte ihr zweites Programm »Das Kamel im Kreisel« Premiere. Ihr Stil ist eine delikate Mischung aus Sprachspiel, fantasievollen Geschichten und geistreicher politischer und gesellschaftlicher Satire, dargestellt von ihren Bühnenfiguren Georg Schön, Metzgersohn aus dem Emmental, und Katharina Gut, Matrosentochter aus Hamburg. Auch privat sind die beiden quasi prädestiniert, den Deutschen die Schweiz näher zu bringen: Der Urgroßvater von Anna-Katharina Rickert war ein deutscher Störschneider aus der Bodenseeregion und die Vorfahren von Ralf Schlatter wanderten einst von Schlatt, einem kleinen süddeutschen Dorf, ins Nachbarland aus. Die beiden lieben die Schweiz von Herzen und erlauben sich gerade darum, ihr Heimatland immer wieder kritisch zu hinterfragen. Und wenn sie gerade nicht auf der Bühne stehen oder hinter dem Computer sitzen, dann hütet und melkt Anna-Katharina Kühe auf der Alp (→Heidi, Kuhglocke, Emmentaler), Ralf geht Wandern und Schneeschuhlaufen in den Schweizer Bergen (→Postauto, Matterhorn).

Auf dem Foto sieht man sie in der Pavillon-Plastik von →Max Bill an der →Zürcher Bahnhofstrasse. Hinter ihrem Rücken verstecken sie das →Bankgeheimnis.

(www.schoenundgut.ch)

Bildnachweis

BigStockphoto.com: Cover, S. 9, 14, 25, 26, 41, 47, 62, 76, 77, 78, 79, 82, 83, 91, 99, 103, 108, 109, 117, 118, 120, 122, 126, 128, 131, 148, 149
dpa–picture alliance.com: S. 10: Keystone/Martin Ruetschi, S. 17: Niklaus Strauss, S. 18: akg-images, S. 19: Karl Thomas, S. 20: Keystone/Martin Ruetschi, S. 21: Keystone/Lukas Lehmann, S. 22: Urs Flueeler, S. 23: Keystone/Walter Bieri, S. 31: Keystone/Arno Balzarini, S. 33: akg-images, S. 34: Keystone/STR, S. 35: Keystone/Urs Flueeler, S. 37: Jörg Carstensen, S. 39: Marcus Thelen, S. 42: Keystone, S. 44: Istvan Bajzat, S. 45: Peter Ending, S. 46: Bildagentur Hubert/Eigstler, S. 48: Karl Thomas, S. 49: Keystone/Andree-Noelle Pot, S. 51: Jens Kalaene, S. 52: Keystone/STR, S. 53: Keystone/STR, S. 55: 90060/KPA, S. 64: epd-Bild/Gion Pfander, S. 65: akg-images, S. 66: akg-images, S. 68: Geatan Bally, S. 69: Urs Flueeler, S. 71: Hans Reinhard, S. 73: Keystone/Walter Bieri, S. 75: atp Bilderdienst, S.81: Bildagentur Hubert/R.Schmid, S. 84: 91050/KPA/TopFoto, S. 86: Keystone/Steffen Schmidt, S. 87: Keystone/Martin Ruetschi, S. 88: Stefan Kiefer, S. 89: Stefan Kiefer, S. 92: picture alliance, S. 93: Uwe Gerig, S. 94: akg-images, S. 95: Keystone/STR, S. 96: dpa, S.97: 91050/KPA/TopFoto, S. 100: STR, S. 101: Gerhard Giebener, S. 104: Patrick Seeger, S. 105: Keystone/Eddy Risch, S. 107: Martin Ruetschi, S. 112: akg-images, S. 113: akg-images/Gerd Schuetz, S. 114: akg-images, S. 115: Martin Ruetschi, S. 116: Gaetan Bally, S. 119: Gaetan Bally, S. 124: Keystone/Urs Flueeler, S. 125: Arno Balzarini, S. 127: Paul-Georg Meister, S. 135: Keystone/Walter Bieri, S. 136: akg-images, S. 137: 91050/KPA/TopFoto, S. 140: Roland Gerth, S. 141: akg-images, S. 142: Michael Hanschke, S. 144: akg-images, S. 145: 90060/KPA, S. 151: Olivier Maire, S. 155: Keystone/STR, S. 157: akg-images
Fotolia.com: S. 40: Laura Frenkel, S. 43: Klaus Eppele, S. 59: Maria P., S. 102: OlliBi
Interfoto.com: S. 61: Mary Evans
Mauritius-Images.com: S. 121: Artur Cupak, S. 133: imagebroker, S. 143: imagebroker, S. 150: CuboImages, S. 152: imagebroker, S. 153: imagebroker
Pixelio.de: S. 11: Rolf Krekeler, S. 15: Campomalo, S. 63: J. Domaschka, S. 67: Klaus Halama, S. 85: Reto Fetz, S. 98: zaubervogel, S. 110: Campomalo, S. 111: Gerd Altmann(geralt), S. 139: Augustine
Schlatter, Ralf: S. 147
Schlatter, Reto: S. 158
Verlagsarchiv: S. 56, 57, 154